善良要有尺度
拒絕要有態度

安顏 著

胖虎定律×登門檻效應×斯德哥爾摩情節……

濫好人的自救指南，

別讓你的好心變成廉價品！

拒絕不是錯，
學會說「不」

不要讓取悅別人成為習慣
要先善待自己，別人才會善待你

樂律

目錄

第一章　人善被人欺

第二章　善良要有原則

第三章　惡意超乎你的想像

第四章 你的付出重如泰山，他的回饋輕如鴻毛

第一章 人善被人欺

你的好脾氣，暴露了你的好欺負

在一家企業公司做行政助理的凱西最近很心煩，上週五主管要開一個會，需要行政部門準備一份資料，這本來是同事文文的工作，卻要求凱西幫忙。凱西當時正忙得不可開交，她想拒絕文文，卻實在說不出口，結果忙中出錯，把上個月的會議內容傳給主管。

主管把凱西叫過去一頓教訓，讓她週末好好反省反省，想不清楚就離職走人。凱西真不明白，自己兢兢業業地為公司服務了六年，就因為這一個失誤，差點就要被炒魷魚。但她又不敢說那本來是同事的工作，自己只是代勞，否則不是出賣人家嗎？

下班回家的路上，老公電話通知凱西去婆婆家聚餐。她匆匆趕到婆婆家，與以往一樣，雞鴨魚肉已經買好，擺滿了廚房，大家都坐在客廳裡喝茶聊天，等她回來做飯。凱西二話不說就進了廚房，挽起袖子洗手開始忙碌。

開著水龍頭嘩嘩洗菜的間隙，凱西聽見婆婆在客廳裡誇她：「我家這個媳婦真是能幹，一手好廚藝。而且每次有多少人就做多少飯，份量不多不少剛剛好……」

凱西的心情好了一點。

週一早上，夫妻倆起床後急急忙忙準備上班。老公起晚了，嫌凱西沒有叫他，大發雷霆，把襪子丟到她身上。

鬧鐘明明響了好幾次，是老公自己賴床。但是，凱西什麼也沒說，她好脾氣地遞給老公襯衫、西裝和公事包。老公下樓後，凱西發現他忘了帶車鑰匙，連忙追到樓下去送。

按照慣例，凱西知道，晚上老公下班回來仍然會若無其事地跟她說話，不會有任何歉意，似乎早上的事情沒有發生過。其實，無論是在公司還是在婆家，凱西的風評一向不錯。

大家都覺得她沒脾氣、善解人意、有求必應。但是凱西心裡知道，自己並不像外表看上去那麼快樂，在無休無止地幫助別人的過程中，她的內心也不像表現出來得那麼輕鬆。想到等一下到了公司，還得面對上司那張臭臉，凱西在計程車的後座上默默地哭了。

你遷就人遷就事，你越來越懂事，可誰又懂得你這懂事背後的委屈？

在生活中，確實有很多像凱西這樣的人，或許我們本身也是這樣的人——過分友善。為人處世以取悅別人為目的，害怕別人的不滿和負評，生怕得不到別人的認可，結果陷進迷思，認為自己應該跟生活中的每個人都保持很好的感情和互動，對每個人都應該付出一些精力，最後成為一個「老好人」，累到吐血。

美國心理學家萊斯．巴巴內爾（Les Barbanell）把這種心態稱為「友善病」。他認為這些善良的人，過分地害怕敵意，用取悅他人來獲取認可和接納，對身邊的人有求必應，「希望感到被人需要」，但是自己的一生都有可能被焦慮、迷茫、羞恥感、負罪感、憤怒和痛苦所折磨。

就像凱西，雖然同事貌似都很認可她，但她知道自己受到不公平的待遇。比如有時大家不想去餐廳吃飯，叫外送在辦公室裡吃，每次吃完都是凱西默默地幫所有人收拾餐盒，用報紙包著丟到垃圾桶。其他人都心安理得地享受著凱西的服務，不是滑手機，就是看電腦，對她的舉止視而不見，連聲「謝謝」都不會說。

在家庭中，老公給凱西最不好的感覺就是，在這個家中她從未得到過尊重，老公處理任何事情，基本都不考慮她的感受。這也是所有「老好人」容易遭遇的困境——被忽略、被無視、被當成空氣，甚至踩一下你也無所謂，反正你一貫姿態低。

這種「友善病」的形成原因，與原生家庭和個人經歷有關。

一個人在成長的過程中，由於各種原因，造成對自己的評價很低，不自信，在心理上不能悅納、接受自己，就會格外重視外界的評價。這種性格特點會導致他們在人際交往中守不住自己的界限，有時感覺不舒服也不願提出異議，更別提反抗了。

這種人其實很可憐。雖然大家都認可他們的善良，但他們沒有得到相應的回報，更多的是忽略和輕視，甚至是被利用。在親密關係中，這種情形尤為明顯。

英國倫敦塔維斯托克夫妻關係中心（Tavistock Centre）的負責人阿布斯（Susanna Abse）說：「如果某人太順從，不能為自己挺身而出，沒有自己的聲音，那就很容易受人欺負。」阿布斯還建議：「『老好人』要努力學習為自己說話，改變的第一步是，學會說『我要』、『我想』。回應別人的需求時，不能以違背自身意願為代價。」

善良是一種美德，是人類美麗的特質，但是我們有時可能會把這種特質理解得過於狹義。像凱西這種「老好人」式的善良，與真正意義上的「心地善良」是有區別的。她的善良太過了，在人際關係中患有完美主義強迫症，但是連老天爺都說「做天難做四月天，蠶要溫和麥要寒，秧要日頭麻要雨，採茶姑娘盼陰天」。老天都不能讓人人都滿意，我們凡夫俗子怎麼能奢求在每個人心中都擁有完美無缺的形象呢？

人生的一些「大坑」，有些是自己親手挖的。別人怎麼對我們的權利都是我們自己賦予他們的。

有心理學家說：「心理健康是需要付出代價的，而一個常見的代價是——我不再是眾人口中的好人。」他在一篇文章中寫道：

「一位好友說：『爸爸（兄弟好幾個，後輩人也很多）把獨自照顧奶奶的責任交給了他，而奶奶也認為這很合理……』他心平氣和地說著，而我安靜了下來，身體上感應到了這個『老好人』的喉頭上湧動著一句話——滾！我打斷他，替他說出這句話。這也的確是他想說但不敢說的話，而這句話一出來，他的心情一下子就釋放了。」

人生那麼短，別太委屈自己！放棄「老好人」的人設，讓自己活得舒心、快樂，才能帶給別人快樂和更多的幫助。一個連自己都不認可自己的人，即使全身被貼滿了「善良」的標籤，也無法撫慰孤獨的心靈。

有人說：「我自己當然希望變得更善良，但這種善良應該是我變得更聰明造成的，而不是相反。」做一個善良的人很重要，做一個聰明的善良人更重要。

為什麼我怕得罪人

我們從小受的教育，一般都是要與人為善，不爭執，少惹事，能不得罪人就不得罪人。這當然沒錯，在人際交往中，「親和」是最保險的原則。但是「不得罪人」與「不敢得罪人」是兩回事。一個從來都不得罪人的人，最終只能被貼上這三種標籤：極其平庸、唯唯諾諾、沒有立場。

這樣的人在生活中，要不被忽視，要不被看不起，不然就是被戴上一頂「世故圓滑」的帽子，人際關係絕不會如他們自己所期待的那樣好。

傑瑞就是一個試圖從來都不得罪任何人的人。但不知道從什麼時候開始，他感覺自己受到職場冷暴力。

有一次部門開會，傑瑞因為拜訪客戶而缺席了。同事們為了一個問題爭論不休，各執己見，有人提議說，不然等等聽聽傑瑞的意見吧，立刻就有人不屑地說：「他的意見聽不聽都一樣。」

殊不知，此刻傑瑞正站在會議室門口，他剛從客戶那裡回來，想來參加會議的結尾，恰好聽見同事的這句話，他心裡很不是滋味。

確實，以往開會的時候，傑瑞不願意去駁斥別人的想法，每次發言都盡量拖到最後不痛不癢地說幾句。沒想到因為這樣，自己竟被當成了一個沒有觀點的人。

鬱悶了幾天之後，傑瑞釋然了。他覺得無論如何自己沒有得罪過人，誰找他幫忙都熱心幫助，從來都拿出最大的善意與人交往，所以也不會有誰非要跟自己過不去，在職場中，稜角分明不是大忌嗎？

沒想到，還有更大的考驗在等著他。

不久之後，部門經理離職了，新的部門經理將要在兩個部門主管之間選擇。一時間硝煙瀰漫，競爭激烈，大家紛紛站隊，分成兩派，力挺自己認為合適的人選。

傑瑞沒有選任何一邊站，綜合分析之後，他認為兩個主管都沒有明顯優勢，無論支持誰的風險都很大。雖然兩個人私下都來拉攏過他，但他始終沒有明確表態。

果然，結果令所有人都跌破眼鏡，正當內鬥如火如荼的時候，突然空降了一個部門經理——兩個主管都落選了。原來公司總部認為，這樣內鬥下去不是辦法，索性直接派了一個經理上任。

所有人都大感意外，只有傑瑞暗自慶幸。他認為自己這次無比英明，沒有支持任何一派，否則必將惹惱另外一派，把人得罪大了！

可是令他萬萬沒有想到的是，落選的兩個主管都對他耿耿於懷，認為他不堪重用。從此，傑瑞就在辦公室過上水深火熱的日子。派給他的工作是最棘手的，獎金是最少的，公司的聚餐、遊玩都沒人叫他，平時也沒人搭理他，傑瑞彷彿成為辦公室隱形人一樣。

立場模糊的人，也許沒有明顯的敵人，卻也失去穩健的支持。這樣下去，傑瑞覺得自己離辭職走人的日子應該不遠了。

在職場中，衡量一個人能力的第一標準永遠都是工作業績，討好別人並不是你的工作目的，想要獲得一定的成就，就不要怕得罪人。越是怕得罪人，越會有麻煩。勇於得罪人，才能贏得和諧的環境。

害怕得罪人的這種「友善」，會成為阻擋一個人持續成長、獲得成功道路上的致命障礙。究其深層原因，一般有三個：

第一，有些人不願意與別人產生情感衝突，希望可以得到所有人認可，哪怕是在一百個誇獎他的人中出現一個斥責的聲音，都會令他焦慮不安。

這世上，有些事情的重要性遠遠勝於別人的感受，如果一個人時刻以照顧別人的情緒為第一目標，圓滑世故的處世哲學或許能夠免於得罪任何人，但也必將得不到任何由衷的欣賞。一個從來都不違背別人意願的人，注定與成功無緣。

就像傑瑞，小心翼翼地做人，並沒有給他帶來好人緣，相反大家都認為他是一個沒有思考、沒有魄力的平庸之輩。結果他雖然沒有得罪任何人，卻也不被任何人欣賞和喜歡。

第二，有些人怕被別人打擊報復，擔心一旦得罪了人，自己無法承擔後果。

確實，得罪這個詞，常常與「報復」聯繫在一起。有些人有個慣性思維，覺得得罪人之後可能會受到懲罰，後果很嚴重。在這種思維下，得罪人就變成了很可怕的一件事。

其實大可不必如此想。與其活得戰戰兢兢，整天擔憂得罪這個得罪那個，還不如努力進修培養，讓自己強大起來，能夠應對「得罪人」的後果。在與人產生矛盾時，一味妥協不如接受現狀，承認自己遇到困境，並努力從中破繭而出，勇於維護自己的利益。試著這樣做，你會發現比起逃避，迎戰的焦慮感也許更低。

第三，常常是因為要留條後路給自己。

有句話叫做「兩座山走不到一起，兩個人總會碰面」。有些人覺得，萬一得罪的人以後還有利用價值，再見面的時候不好說話，這就是「人情留一線，日後好相見」。

其實，人與人之間交往的核心價值在於雙贏、互利。如果自己對於他人而言，是一個毫無價值的人，即使脾氣再好、性格再溫柔，對於人家來說，也未必有多大的交往價值。

人與人相處，不可能完全不得罪人，我們總是有說「不」的時候，有利益衝突的時候，有站隊的時候，甚至是展示自身實力的時候，這都有可能會得罪別人……。

得罪人不等於冒犯人，得罪人也不等於不善良，而是為了保證我們在涉及原則問題的情況下，有尊嚴、敢發聲、敢反駁。千萬不要把怯懦、軟弱、無原則，當成善良的同義詞。一個人可以既善良，也有獨特的個性；可以既善良，也有涇渭分明的立場；可以既善良，也有勇於拒絕的勇氣。

「斯德哥爾摩式」善良，其實是心魔作祟

情人節前夕，曉夢決定離開待了三年的城市，因為一段失敗的愛情。

大學畢業後，男友選擇到別的城市闖蕩，她一個人留在家鄉。都說遠距離戀愛成功率不高，曉夢不信邪。剛開始，兩個人每天都視訊通話。但好景不長，漸漸地曉夢發現總是聯繫不上男友，最長的一次兩人竟然失聯了一個月。她心裡隱隱約約地覺得不對勁，一橫心離職收拾行李離開家鄉來找男友。見面的當天男友就跟曉夢攤牌——他劈腿了。

男友提出分手，曉夢不同意。她一直很聽男友的話，一直都很真誠，不刷存在感，不添亂。在她的字典裡，沒有「騙人」兩個字，所以也給了男友極大的信任，認為自己不騙別人，別人就不會騙她。她覺得她與男友之間還是有感情的，他只是因為身在異地，難以排遣孤獨才會劈腿，只要自己來到他身邊，好好陪伴他，早晚會感化得他浪子回頭。

從此，曉夢就自說自話地開始用行動來「感化」男友了。男友不讓她跟自己一起住，她

就在附近租房子，有空就去幫男友收拾房間、洗衣煮飯……慢慢地，男友對她的存在也習慣了，有時候連打電話也不迴避，她漸漸聽出男友同時在跟兩三個女孩交往，甚至都到了喊「老公」、「老婆」的地步。

曉夢心裡很痛苦，但她連問也不敢問。生怕一問連「感化」男友的資格也沒有了，甚至打掃房間時在枕頭底下發現了女用內衣，也若無其事地放回去，假裝沒看見。

這樣的狀態竟然持續了三年。這三年裡，為了維持生活，曉夢找了一份工作。她自己省吃儉用，為男友花錢卻毫不吝嗇，為他買了一堆衣服，冰箱裡也總是塞滿好吃的。男友心安理得地享受著一切，半點回頭的意思也沒有。

有朋友勸曉夢這樣的男人不懂珍惜，不值得託付終身，但是曉夢充耳不聞。其間有個男生追求曉夢，對她百般呵護，曉夢連看都不看，她眼裡只對男友一片痴心。後來有天男友對曉夢的態度突然親切起來，說父母打來電話，有急事需要用錢，問曉夢有沒有錢能夠借他。曉夢受寵若驚，馬上把自己賺的2萬塊錢轉給了男友。拿到錢之後，男友馬上封鎖曉夢，甚至換了門鎖。

朋友提醒曉夢事有蹊蹺，認為她不該輕易給男友那麼多錢。曉夢卻認為，做人應該善良，即使男友的父母將來成為不了自己的公婆，畢竟也是同鄉，有事應該幫一把。

幾天後，曉夢從別人的手機裡看見男友在社群軟體裡發了一段影片，畫面中男友單膝跪地，在向一個女孩求婚。而她給他的錢，變成女孩手指上閃亮亮的戒指，一下就把曉夢的心閃碎了。

這次曉夢徹底死心了，與男友複合無望，她失去了留在這個城市的意義，她收拾好行李，黯然返鄉。

即便是這樣，曉夢並不怨恨男友，言語間還總是說著男友的好。朋友怒其不爭，說她可能是得了心理學中的「斯德哥爾摩症候群」。

斯德哥爾摩症候群，又稱為人質情結或人質綜合症，在感情上表現為「越對自己不好，越離不開」。在生活中，這個「不好」有很多表現形式，比如伴侶冷漠、不關心人，或是有酗酒、賭博的惡習，或者生活能力弱、依賴心強，另一方則表現得寬容、隱忍，很心疼伴侶，認為對方需要自己的幫助，自己不能離開，要拿出更多的耐心和愛心來經營感情。所以患有斯德哥爾摩症候群的人，看上去都特別善良，是公認的大好人，似乎他們總是習慣於為別人考慮，把自己的需求壓縮到最低。

心理學家認為，斯德哥爾摩症候群是一種自我防禦機制，為了保命或者守住自己認為很重要的東西，人類的天性可能會讓我們選擇乖乖就範。

在遭遇綁架的時候，施虐者往往會採用威脅的方式，讓人質相信只有聽話才能活命。但是我們被綁架的機率畢竟很低。除了生命威脅，情感威脅的殺傷力也不小。更可怕的是，這種情感上的威脅感，往往不是他人施加的，可能是我們自己給自己的。

比如在曉夢的例子中，曉夢心中早已認定，除了男友，沒人能帶給自己愛情。所以失去男友這件事就成了曉夢面臨的最大威脅，她小心翼翼地維護著和男友的關係，害怕把一切都搞砸。

在其他朋友看來，曉夢和男友的關係很不平等。曉夢可能要花一百分的力氣去討好男友，才能換來男友一分的「回報」，甚至零回報。朋友勸曉夢開始一段新的感情，但是「不能失去男友」變成了曉夢的心魔，她認定得不到男友是因為自己不夠好。

自從男友提出分手，曉夢覺得自己的世界坍塌了，男友把那個「不可能擁有愛情」的威脅毫不留情地拋到她面前。曉夢萬分痛苦，覺得自己別無出路，唯有千方百計地想辦法挽回男友的心。殊不知用討好的方式維持一段關係，會讓自己低人一等，給了別人傷害、背叛自己的機會。這樣的相處模式會毀掉一個人的生活。

斯德哥爾摩症候群的這種心魔只是內心的認知失調，我們並不是沒有「降魔」的辦法。

我們常常會發現，特別容易出現這種症狀的人，一般內心都比較脆弱、敏感。他們在情感上喜歡依賴他人，並且容易被感動。在出現衝突的時候，他們沒有能力守住自己的底線，一旦生活出現變故，內心就會變的空洞、不再擁有力量。這個時候，只能掩耳盜鈴地安慰自己：起碼我還擁有善良，我對得起任何人。

請問，你對得起你自己嗎？你的善良，只是掩飾卑微的藉口。

西方諺語說：「這個世界，從來不缺善良，缺的是理智和克制。」善良當然沒錯，但這種脆弱的善良，不如堅強的克制。

不辨是非的善良，太愚蠢；失去立場的善良，太盲從。真正的善良應該是在理性的思考下做出的選擇，要有自己獨立理性的判斷，既不過度也不盲目，是一種能深刻洞悉人性的能力。

過於感性的人往往缺乏這種能力，有句話叫做「當局者迷，旁觀者清」，如果能夠跳出自身的迷局，以他人的視角客觀地審視整件事情，也許會有新的想法。

如果喜歡寫東西，不妨試試敘事療法，把自己的經歷寫出來，像寫一個故事一樣。然後站在不同的視角去重構自己的故事，就會發現自己的認知中有偏差的地方。

這是一個以獨立獲取自由的時代，無論在經濟上、情感上還是精神上。我們一般都比較注重經濟獨立，意識到情感獨立的人，相對就少了很多。一個人在經濟上獨立不算徹底的獨立，感情上也獨立才是真正的獨立！

智慧的善良會讓人生熠熠生輝，如果「善良」成為一種桎梏，把人囚禁在無望的生活中無法自拔，那麼請趁早摒棄這種「善良」。這種所謂的善良，不過是心魔作祟。

希望所有被「斯德哥爾摩式」善良所困的朋友，都可以在死路的盡頭掉頭走出來，獲得更加廣闊的幸福空間。

我把你當室友，你卻把我當傻子

京京、淑紅、艾妮三個女孩是合租室友。京京有個壞毛病，愛占小便宜，而且這個毛病還巧妙地隱藏在不拘小節、大大咧咧的外表下。

比如有時候要出門，京京會走到淑紅面前，假裝不經意地說：「哎呀，沒零錢了，借我一塊錢坐公車嘛！」淑紅從錢包裡掏出一塊錢給她。一塊錢那麼少，京京自然不會記得還，淑紅當然也不好意思要。但問題就在於，京京幾乎每隔四五天就要跟淑紅借一次搭車錢。

為什麼京京從來都不向艾妮借錢呢？也不是沒借過，前幾次艾妮也借給她，後來就兩手一攤，直接說她也沒有零錢。碰了幾次釘子之後，京京發現艾妮不像淑紅那麼「傻」，就專挑淑紅下手了。

如果僅僅是借搭車錢也就算了，她們合租的房子裡還經常會發生「懸案」。比如，淑紅剛買的牛奶莫名其妙地就從冰箱裡失蹤了，新買的一盒面膜無緣無故就會少一片……。

看著淑紅礙於情面暗暗吃下悶虧，被占了便宜還經常被人說成傻子，艾妮常在一旁善意地提醒淑紅：「你得學會反抗，很多人都是欺軟怕硬的。」而淑紅總是睜著驚恐的眼睛說：「可我就是這樣的人啊！」

艾妮無奈，京京卻變本加厲。適逢夏季，天氣熱懶得煮飯，京京經常提議：「走啊，我們去吃燒烤。」艾妮眼一翻：「我胃不好，不吃那個。」京京就纏著淑紅撒嬌：「你就陪我去吧，一個人吃東西好無聊！」

淑紅幾乎是被京京拖走的，每次看著淑紅那可憐兮兮的樣子，艾妮就暗暗嘆氣。回來後艾妮偷偷問：「誰付錢？」，淑紅總是囁嚅著說：「我。」

這種憋屈的日子過了差不多一年，事情的轉機出現在淑紅談戀愛之後。

淑紅的男朋友很快就發現自己的女友有一個「吸血鬼」室友。提醒了幾次未果，男友想出一個主意。他跟淑紅打賭，如果大家一起吃飯，京京能有一次結帳，就算他輸了，再也不干涉她們室友之間的事，否則淑紅就要聽他的。

幾天後，京京又邀請淑紅吃燒烤，這一次淑紅的男朋友也跟著去了。他冷眼看著京京點了很多肉串，而淑紅只點了幾串天婦羅。

吃完飯，男友拉起淑紅就走，京京吃了一驚，急忙追上來說：「淑紅，你還沒付錢呢。」

淑紅的男朋友說：「這次就各自付錢吧，你先付，回去我們再把錢給你。」

京京說自己沒帶錢。

淑紅的男朋友也大大咧咧地說：「現在誰還帶錢啊，用手機支付吧。」

京京摸了摸口袋說：「哎呀，剛好手機沒電了。」

最後這頓飯還是淑紅去結帳，後來京京也沒提過AA制的事，反而陰陽怪氣地對淑紅說：「你男朋友真的很精明啊，你小心被他賣了還幫他數錢呢！」

看著淑紅滿臉通紅的樣子，艾妮好笑地說：「不是你男朋友精明，是你太傻。」

在生活中，我們會發現有一類人：他們善良、單純，就像淑紅一樣，不管別人做了什麼侵害他們利益的事情，他們絕對不會在第一時間跳出來，說：「不，我不允許你這樣對待我」。

善良的人會忍氣吞聲，凡事以天下太平為主，但是一旦善良過度，就是善良的實質出了問題。過猶不及是個千古真理，善良過度的人絕對不會被認為是超級善良，而是有點傻。

你把別人當朋友，人家把你當錢包，這不是傻是什麼?這種善良到傻的人，損失的不僅僅是錢，還有自己的社交價值。你能指望一個「傻」人擁有良好的人際關係嗎?總有一些別有用心的人會利用這種「傻」，平時占你便宜，關鍵時刻讓你墊背，當「背鍋俠」。

我的一個朋友陳小姐，絕對是大家口中的「善」女郎，在辦公室從來都是有求必應，大家的觀念就是「有事就找陳小姐」，那若有好事會想到她嗎?未必!大家會想:沒事的，她是個願意吃虧的人。

就因為陳小姐太善良，大家都認為她沒有任何殺傷力，所以在工作上出現一個很大的失誤之後，整個部門的同事心照不宣地把責任推到了她身上。被上司約談辭退時，沒有一個同事站出來為她說一句話。

陳小姐此時才反應過來，「人善被人欺，馬善被人騎」，古人總結出來的話流傳千百年是有道理的。不要怪江湖險惡，只能怪自己太容易退讓和妥協，強權和蠻橫就是這麼出現的。

人的天性就是趨吉避凶，當欺負人有利可圖的時候，就會有很多人擴展心性中的惡，去欺負人、搜刮人，甚至傷害人。如果你身上沒有半片盔甲，又要拿什麼去抵禦這些貪婪之徒伸出來的長矛呢?

善良很好，但要有限度。千萬別被氾濫的善良之心沖毀原則，變成一個事事妥協遷就的傻人。善良不等於傻，你堅守的善良真誠，也許在別人眼裡就是「那人是個傻子」。毫無原則的善良不會讓你越變越好，反而更容易被別人利用，最後自己苦不堪言，心力交瘁。

千萬不要說「我天生就是這樣的人，我已經習慣了自己的樣子。」沒有什麼性格特質是永遠不能變的，在漫長的人生道路上，每個人都有被重新塑造的可能。以「天生」做藉口，只是一種逃避心理，逃避挑戰，逃避成長，不敢迎難而上，讓自己變得更好。

有時候做人強悍一點，是為了更好地保護我們的善良，因為當善良被逼到死角寸步難行，「善」就不得不被「惡」同化。有人說過一句話：「小孩子一次一次被騙、被訓練，結果就會成為大人，成為比較自私的人。善良其實是很困難的，需要很大的勇氣或者運氣，才可以成為一個善良的大人物。」

善良和真誠是人身上最耀眼的優點，要像對待最珍貴的珍寶一樣呵護它。在這個複雜的世界中，每個人都置身於錯綜複雜的人際關係中，經常要處理各式各樣的問題。成年人不可能指望每次都有別人幫助自己解決問題，自己要有一顆勇於面對的心，兵來將擋，水來土掩，遇山開路，遇水搭橋，不畏懼不迴避，善良但不怯懦，就像鑽石一樣，既有璀璨的光芒，在人群中熠熠生輝，也有堅硬的質地，保護自己的善良不被人利用。

貞女失節不如老妓從良？「胖虎定律」在冷笑

「胖虎定律」是一個很紅的網路用語，那麼胖虎是誰？七年級生一定都不陌生，他是日本卡通片《哆啦A夢》裡的「小反派」，總是欺負主角大雄。而「胖虎定律」出自另一部日本動漫《銀魂》裡的一段經典臺詞：無論一個人做了多少喪盡天良的壞事，只要做了一件好事，就會被認為「其實他本質不壞」；無論一個人做了多少對得起良心、對得起世界、對得起朋友、對得起戀人的事，只要做了一件比較齷齪的事，就會被認為「一直以來的善良都是裝出來的吧」。這個現象被稱作「胖虎定律」。因為胖虎平時經常欺負大雄，而某天他突然做了一件好事，卻讓大家非常感動。反之，一個人做了很多好事但做了一件壞事，就會受到譴責。

「胖虎定律」在生活中非常普遍，這恐怕也是它一出現就風靡網路的原因吧，因為大家看到胖虎這個人物都心生感慨。我們自己也有過這樣的體驗：平時對某個人很好，或者堅持做一些好事，只要有一次不能令人滿意，之前的付出都化為烏有，在別人心裡的形象一落千丈，變成「一直以來的善良都是裝出來的吧」。難過之餘我們難免會想，還不如像胖虎一樣活得更加輕鬆！

與佛教有關的文獻中也有類似的故事：一個人一生虔誠，做盡善事，吃齋念佛，在即將成佛的時候犯了戒條，於是功虧一簣；而一位殺人無數的強盜，在某一刻頓悟之後，放下屠刀就立地成佛了。

這豈不是很不公平？前者一生所做的善事要遠遠超過那位強盜，為什麼只做了一件壞事就成不了佛？而手上沾滿鮮血的強盜放下屠刀之後，所獲得的回報就超過了前者一生的累積？記得郭德綱曾在相聲中說過一句話：貞女失節不如老妓從良。這句話出自明朝洪應明《菜根譚》：「聲妓晚景從良，半世之煙花無礙；貞婦白頭失守，一生之清苦俱非。」

上學的時候，老師就教過我們評價一個人物的功過是非，要全面地看、立體地看，眼光不能主觀、片面。但是在生活中人們很難做到全面、立體，往往以當下的一件小事就否定了一個人，因為別人沒有達到自己的要求就頗有微詞。

人非聖賢，孰能無過。如果判斷一個人善良與否的標準是從未犯過錯，或者從未令人失望過，那這個標準豈不是太嚴苛了？恐怕全宇宙也難以有人能達標。

可惜的是，人類從原始社會進化到現代文明社會，不知更迭了多少朝代，這種心態卻沒有得到多少矯正。既然這種人性深處的屬性改變不了，我們是不是該在生活中多運用這種心理現象，令自己在人際關係中少走些彎路呢？

我很喜歡的一個女作家，有一次在粉絲專頁裡寫了自己生活中的一件事。

她家有兩輛車，其中一輛基本用不上放在車庫裡停著。剛好丈夫的弟弟大學畢業，找了份工作離家很遠，通勤困難很想買一輛車。無奈職場新人沒有這個經濟能力，於是她決定把這輛車送給弟弟。剛畢業就能擁有一輛車，弟弟自然很興奮，但她又提出不是白送，要出一萬塊錢把車「買」走。弟弟想了想覺得值得，這輛車七八成新，市場價格也有十幾萬，就出了一萬塊高高興興地把車開走了。

丈夫不解：「既然你決定送他，何必不把人情做到底，非又要賣給他？你也不缺這一萬塊錢。」她坦然回答：「如果不收一分錢地白送，別人會覺得這份人情來得太容易，以後若稍有差池，滿足不了親戚的要求，人家就會覺得你變小氣了，不像以前善良了。我自然不缺這點錢，這一萬塊只不過是用來劃個界限。」

這種做法，我覺得真是值得稱讚。送一輛車解弟弟的燃眉之急，表達親戚之間的情分；收一萬塊錢表明了一種態度：我從來就沒有承諾過送你一座玫瑰園——你心裡也得清楚。這個女作家，真是既善良又智慧，處理問題乾脆俐落，從一開始就把「胖虎定律」掐死了。

一段人際關係開了什麼樣的頭，對這段關係日後的趨勢影響極大。所以我們在開始一段新關係或進入一個新團體，千萬不要過度表現，急於把最好的一面展現出來，免得日後稍有懈怠，印象分就會銳減。比如剛到一家公司入職，為了給老闆一個好印象，天天早來晚走，加班到很晚。可是誰都有自己的私人生活，時間長了必定撐不住。如果有一段時間，你按時上班，按時下班，主管就會覺得你不如之前努力了。新人剛到一個公司，勤奮是應該的，但千萬別用力過猛，留一些緩衝的空間給自己，免得被人評價「剛來時還蠻不錯的，時間長了也不過如此」。

一個聰明人在與人交往之初，就為自己的人設做好了定位。在這個定位之下，各種表現肯定都是適度的，之後你每超常發揮一次，都會在別人心中多加一分。我們要明白過於完美的人設是要付出代價，日後會帶給自己相當大的壓力，一旦人設崩塌，就會陷入「胖虎定律」的陷阱，之前的付出都會白費。

就像很多明星，出道之初就以「玉女」、「暖男」、「好爸爸」、「熱心公益」等形象示人，這樣的人設很討好，卻常常毀在緋聞、詐捐等傳聞上。在「胖虎定律」的作用下，民眾對完美人設的明星容忍度很低，稍有風吹草動，對他們事業的打擊就是致命的。反而是一些開始就以「痞」著稱，以「不羈」、「叛逆」聞名的明星，倒讓人覺得越來越可靠，給人完全超出期待的感覺。

水墨畫中有一種手法叫留白。留白不僅是水墨畫的一種布局，也是一種人生智慧。在人際關係中也應當有些留白，留點空間給自己，才能進退自如。

古語有云：「弓不拉滿，勢不使盡，懂得事事有度，必有所益。」善良不是一劑猛藥，緩釋的效果一定更好。春風化雨，潤物無聲，慢慢來，善良才能走得更遠。

不懂拒絕的好心，只會讓別人得寸進尺

有一天，一個交情不深的朋友突然打電話給我，請我幫他介紹工作。說來也巧，正好我的一個老師在執行新專案，請我推薦人選，這個專案非常符合我這個朋友的專業領域，我就介紹他們兩人認識了。

過了幾天，這個朋友又打電話給我，說已經初步達成協議，草簽了合約。但是理工專業的他，不太擅長專案的策劃文案，讓我幫人幫到底，送佛送到西，幫他改一改。我不好拒絕，去他指定的咖啡館用了一下午的時間弄好文案。接下來的執行需要專業知識，跟我沒什麼關係了，我以為這次終於撇清了。

兩個月後我再次接到電話，這個朋友說不小心把手弄傷了暫時不能打字。之前那個專案已經接近尾聲，現在急需拿出一份總結報告，資料他都整理好了，問我能不能根據資料幫他把報告寫完。我不假思索地拒絕了，因為當時我也在趕一份任務，空不出時間做額外

的工作。

結果他軟硬兼施，還把我的老師搬出來，說如果延期完不成任務無法跟老師交代。這麼一說對我造成一定的壓力，畢竟是我把他介紹給老師的，他如果不可靠就顯得我也不可靠。

他確實是個談判高手，被說服後我開始加班，每天完成自己的工作之後再幫他寫報告。每天睡眠時間不到五個小時，熬了三天之後，我把一張笑臉熬成了苦瓜臉，總算是完成了。

至此這件事真的再跟我沒什麼關係了吧？別急，好戲還在後面。

專案完成後，按照合約規定，他應該拿到百分之七十的酬勞，剩下的部分要等到幾個月後專案徹底結束才能付清。他再次打電話給我，請我幫他催一下他的酬金。我說：「這項工作我也沒參與，也不知道你是跟誰交接的，具體什麼情況你自己問一下，按正常流程走就好了，怎麼全程都要我參與呢？」

他一再懇求，說：「你不是認識他們大老闆嗎，求求你了，求求你了……」我有一種被賴上了的感覺。為了盡快結束整件事情，我又幫他打了電話。

收到錢後，他口口聲聲說我是個好人，幫了他的大忙。我開始覺悟有些人真是不能幫，他們的依賴心太強，像個巨嬰，把明明應該自己操心的事情都丟給別人，要知道別人並沒有這個義務總是為你服務啊。

過了幾個月，我都已經把這件事忘了，突然又接到他的電話。他很氣憤地說專案的尾款到現在也沒付給他，明顯是惡意拖欠，我必須得為這件事負責，再幫他解決一下。

我與老師通了電話。老師說他的工作做得很糟糕，明顯不是自己用心做的，好像是幾個人一起弄的，拼湊痕跡很明顯。如果不是看我的情面，按照合約規定，前期的款項都不會如數付給他的。

我心裡有數了，他的主要工作就是求這個求那個，讓別人一部分一部分地幫他做完，他就在家坐等收錢。於是我回覆他我也愛莫能助，就不再接他的電話了。從此他就對我展開了奪命連環 call，無論是一大早還是大半夜，無論我是在開車還是在開會，隨時都會打來電話。

最後我退出群組，並且封鎖他。我聽社群裡其他的朋友說，他在聊天室裡破口大罵，說我聯合別人一起騙了他……。

當你因為善良而感到委屈的時候，記得告訴自己一句話：

「善良要留給那些有感恩之心的人，而不是那種將你的善意接受得理直氣壯，得寸進尺往上爬的人。」

心理學中有個知名的概念，叫做登門檻效應（Foot-in-the-door technique），又稱「得寸進尺效應」。意思是一個人如果接受了別人的一個小要求，那麼別人在此基礎上再提一個更高的要求，這個人也會傾向於接受。

這個概念源自美國社會心理學家傅利曼（Johnathan Freedman）做的一個有意思的實驗：他讓助手去拜訪一些家庭主婦，請她們答應將一個小招牌掛在家裡的窗子上，有些被訪者同意了。半個月之後，實驗者再次登門，請求將一個又大又難看的大招牌放在庭院內。同時，實驗者也向以前沒有放過小招牌的被訪者提出同樣的請求。結果，前者有55%的人同意，而後者只有不到17%的人同意，前者人數比後者人數高三倍。

這就是因為一開始不會拒絕的人，後來便會越來越難以拒絕他人的過分要求。

當然，說「不」一定比說「可以」難。說「可以」至少有一個人高興，說「不」很可能兩個人都尷尬。但是說「可以」之前你一定得想一想，有時候避免了當下的尷尬，你必定得承受隨之而來的為難，這份為難是你願意承受的嗎？

有些時候，你經歷種種為難幫助了別人，人家並不會因為你的好意而領情。原本想維護的關係不但沒有因此保住，反而快速消亡。

「會令你為難的人，本身也不見得有多在乎你。如果一件事，一開始就令你不舒服，那麼，越早拒絕越好，拖到必須解決的那一刻，也許你就只能斷尾求生。」來自兩性作家的忠告，我們一定要好好理解，記在心間。

願每一段善良都有迴響

妍妍是一個善良的女孩，無論誰請求她幫忙，只要能做到的，她從來都不會拒絕。雖然妍妍對朋友非常熱心，她自己卻不愛求人，從不輕易開口找人幫忙，怕添麻煩給人家。這樣一個既善良又乖巧的女孩，應該有很多朋友吧？然而並不是！

有一次妍妍因為一個小失誤錯失了一個大客戶，幾個月的努力付諸東流。她心情很差，一個人走在路上，剛好路過一個同事居住的社區。這個同事以前失業兼失戀的時候，曾在妍妍家借住過一個月，妍妍每天替她煮飯，陪她逛街，幫助她從谷底中走出來。

這一刻，妍妍突然很想找個人說說話。她打電話給這個同事，說自己心情低落，剛好路過她家樓下，能不能出來陪她吃個飯。沒想到同事的態度很冷漠，說等等還要幫狗洗澡走不開。最後妍妍自己在路邊的長椅上哭了好久。

還有一次妍妍要搬家，面對一屋子的東西，自己一個人打包確實很吃力。於是她打電話給一個她自認為的好朋友，請她來幫幫忙，那個朋友以「週末有補眠習慣」為理由拒絕了她。妍妍很失落，再也沒有勇氣打給第二個朋友。

如果不是因為和表姐的一次談話，妍妍可能還沒有意識到自己的人際關係到底出了什麼問題。

表姐是學心理學的資優生，有一次妍妍跟表姐、表姐的摯友一起逛街。摯友看中一雙高跟鞋，猶豫再三沒有買，離開商場之後又後悔了，央求表姐跟她一起回去買。表姐很乾脆地拒絕了，說現在正是塞車的時段，往返太浪費時間，要是摯友執意要買就自己去，她在旁邊的咖啡廳等著，可以用隨身攜帶的筆記型電腦工作一下，這樣時間就不算浪費掉了。摯友雖然有點不高興，但還是嘟著嘴自己去商場了。

妍妍感到很詫異，不理解表姐為什麼會拒絕摯友，再去一趟商場並不是一件多難的事，換成自己一定會陪著朋友回去，畢竟都是朋友嘛！

表姐並不這麼認為，「你可以善良，但不要卑微！」她覺得有時候，越是畢恭畢敬對待一個人，越會被對方看不起。甚至還會被他人將自己的恭維理解成懦弱，將虔誠蹂躪成理所當然，將付出視作順其自然。所以別一味地遷就別人委屈自己，被人牽著鼻子走。只要你覺得不虧欠於人的事，就應該理直氣壯地堅定自己的立場。要知道這世界上比被別人道德綁架更讓人無奈的是自己綁架自己。

你向世界輸出的是善意，別人卻以為是怯意。妍妍茅塞頓開，她第一次意識到，原來自己的熱心善良在別人眼裡有可能是「卑微」。但是有一個問題，妍妍始終想不明白，為什麼自己的善良總是沒有回應呢？

做人要善良，這一點並沒錯。但要知道善良、理解和尊重應該留給真正懂得珍惜和感恩的人，而對於那些將善良接受得理所應當且貪得無厭、得寸進尺的小人來說，太過於善良就是缺心眼，就是怯懦。你可以沉默，也可以棄權，但必須要有態度。千萬別用過分善良，讓自己丟失了價值和尊嚴。

大家知道常見迷彩服的由來嗎？據說就是由蝴蝶報恩而得來的靈感。

二戰時，列寧格勒被德軍包圍，轟炸機輪番轟炸，眼看就要全軍覆沒。被困的軍人裡，有一個人叫施萬維奇，戰前是位昆蟲學家，他看到一隻美麗的蝴蝶停在樹枝上，就揮了揮手，希望把蝴蝶趕到安全的地方去。蝴蝶反覆飛了幾次都掉了下來，施萬維奇明白蝴蝶受傷了，將牠帶回軍營，為牠上藥治療。兩天後，蝴蝶康復飛走了。

第三天早上，施萬維奇和同袍們發現，軍營裡飛來了大片大片的蝴蝶，在陽光下拍著五彩的翅膀，美麗耀眼。施萬維奇研究昆蟲多年，從未見過如此壯觀的景象。他突發靈感，如果利用這些蝴蝶做偽裝，德軍的飛機不就發現不了他們了嗎？但如果想覆蓋整個軍事基地，這些蝴蝶的數量還遠遠不夠，於是他想出了將黃、紅、綠三種顏色塗在軍事設施上的方法。這樣德軍在飛機上遠遠看到的只是一片花草。

根據同樣的原理，科學家透過對蝴蝶色彩的研究，發明了具有防禦作用的迷彩服，大大減少了戰鬥中的傷亡。後來施萬維奇堅持將那次蝴蝶聚集的原因解釋成蝴蝶為了報恩，號召同伴利用自身的色彩來為軍事基地做掩護。

雖然我們無法確定蝴蝶聚集的動機是不是報恩，但這個故事卻令人心生溫暖。如果我們每個接收到別人善意的人，都懂得投桃報李，讓善良循環傳遞下去，那麼這個世界將會是一個溫暖美好的世界。

當我們得到別人的幫助時，就算你暫時不能給予報答，也應該把這份關愛銘記於心，這就是感恩之心。如果一個人不懂得感恩，也就不懂得善良。對這樣的人，你的善良交付出去，就像一片羽毛輕飄飄地落在地面上，連一絲聲響都不會有。

如果你的善良總是沒有回應，那就說明這份溫暖沒有給到對的人。對別人的善良無動於衷的人，活得冷漠自私，他們從來都不會反思：我能為別人做點兒什麼，我能回饋給這個社會什麼？對這些「沒有良心的人」，請收回你的幫助，為什麼要用你的善良鼓勵他在自私的路上越走越遠呢？

記住，你珍惜我的同時，我會加倍對你好；倘若你不珍惜我了，我也不會對你有所期待。因為我只想把我的真心、善良留給真正懂我、珍惜我的人。

第二章

善良要有原則

退一步海闊天空，退一萬步萬劫不復

作家三毛有一篇散文〈西風不識相〉非常有趣，用極其詼諧的筆調寫出了為人處世之道。

三毛年少時到國外留學，臨走時父母一再叮嚀：「在外待人處世要有教養，凡事忍讓，吃虧就是便宜。萬一跟人起了爭執，一定要這麼想——退一步海闊天空。絕對不要跟人慪氣，要有寬大的心胸……」三毛上了飛機，細細一想，才覺得父母的帳算得不對，「退一步如果落下深淵，難道也得去海闊天空？」

四個女孩子同住一個寢室，三毛牢記父母的叮囑，與人交往謙卑、有禮、溫和。前兩個月，室友之間和睦相處，房間的內務都是大家搶著做。但接下來的日子，打掃房間就成了三毛一個人的事。在她打掃的時候，室友們跑出跑進，只給她燦爛的一笑，完全不聞不問不幫忙。三毛十分氣憤，但也沒忘記父母囑咐的話：凡事要忍讓。

半年下來，三毛成了寢室裡人緣最好的人。為了保持人設，三毛總是竭盡所能地滿足任何人的請求。她的衣服和鞋子大家都隨便穿，「寶貝」、「太陽」、「美人」等奇怪的暱稱也隨之而來。說起三毛，室友們總是讚不絕口，沒有一個人說過她的不是。但是她的心情，卻變得更加憂鬱了。

三毛一再地想為什麼我要助人？因為那是美德！為什麼我不抗議？因為我有修養！父母用禮教來教育她，她完全遵從，也實現了；而且他們說吃虧就是便宜，如今她真是成了一個貨真價實的「便宜人」了。

三毛自認並沒有做錯什麼，可是她越來越不快樂，但並不知道如何改變，只是一味退讓著。直到一天晚上，三個室友偷了甜酒喝，通通擠在三毛的床上，鬧成一團，驚擾了學院的院長。院長鐵青著臉站在門口，二話不說就對三毛一頓臭罵，還冤枉她賣避孕藥。受盡委屈的三毛徹底爆發了，她又哭又叫，拿起一把掃帚開始亂打，拚命發洩著平日忍在心裡的怒火。

室友們完全沒料到三毛會發火，全都愣住了。自那次打架之後，大家就開始重視三毛的感受，她也在這個寢室度過了愉快的求學時光。後來她總結得出：「外交固然重要，但是在建交之前，絕不可跌跤。那樣除了受人欺負之外，建立的邦交也是沒有尊嚴的。」

每個善良的人都跟三毛一樣，希望別人能欣賞我們的禮教。遺憾的是，有些人享受了我們的禮教，卻並沒有回報以尊重。於是，三毛決定摒棄父母的叮囑。當然，逐漸成熟的她不會再採用那麼激烈的方式去對抗，而是用更平和卻更有效的方式去解決。正如她自己所說：「惡狗咬了我，我絕不會反咬狗，但是我可以用棍子打牠。」

從小老師、長輩和書本就教導我們：「忍一時風平浪靜，退一步海闊天空。」這句話有沒有道理？我覺得應該辯證一下。

從情緒管理的角度說，這句話是有道理的。雙方衝突之時，劍拔弩張，衝動之下可能什麼事都做得出來，與其事後後悔，不如當時就控制好自己的情緒。同時我們也得明白，忍耐和退讓只是為了不爭一時之長短，絕不是解決問題的辦法。

退一步貌似緩和了矛盾，可是問題還在，只不過是被暫時擱置了。冰凍三尺，非一日之寒，問題不解決，只能像滾雪球一樣越來越大。到時候，沒有被人欺負死，也得被雪球壓死。

不吵、不鬧、不爭，遇事退一步，是一種優雅的態度，同時還需要解決問題的能力和手段。解決不了問題，凡事只會退讓，不過是一隻習慣於把頭埋進沙子的鴕鳥而已。

善良、包容，如果用在好人堆裡，自然沒有問題；如果遇到惡人，就會被逼到死角。

退一步海闊天空，退一萬步萬劫不復！無盡地退讓，只能讓路越來越窄，選擇越來越少。一旦退讓成了解決問題的唯一方式，生活也就離崩潰不遠了。

有個補教名師說過一件事，有人問他這輩子最遺憾的事是什麼。他說就是年輕的時候對傻子太客氣了，這是最遺憾的事，沒有之一。很多人看到這句話，都猶如被一記重錘砸到胸口，這真是太多人共同的隱痛啊！

人講究禮尚往來，投桃報李，你待我良善，我回報溫暖。在人際關係中，如果雙方的待人標準相差太大，那這段關係早晚會破裂。

如何處理好人際關係，主要還是取決於我們自己。面對「不識相」的人，我們應該儘早把底線擺出來，明明白白地說出自己的態度，不要用自己的忍讓來粉飾太平。一開始就劃好楚河漢界，雖然不至於寸土不讓，但也絕對不允許屢屢過界。

做人有時候應該像貓，柔軟的爪子裡藏著尖利的指甲，平時縮在裡面不露出來，一旦被欺負了，抓你沒商量。同理我有友善待人的仁心，亦有保護自己的能力，我可以善待你，但你不能欺負我，這才是善良的正確打開方式。

我只是善良，並不代表沒有脾氣

莎莎的憤怒，來自一顆榴槤。她第一次吃榴槤的時候，驚訝世界上竟然有味道如此詭異的水果。她討厭這個味道，包括榴槤糖、榴槤蛋糕、榴槤冰淇淋……。

可是，自從老公的妹妹來家裡借住，房間裡就經常瀰漫著榴槤的味道。一聞到榴槤味，莎莎就覺得頭痛，好像有個小錘在「咚咚咚」地敲太陽穴。她跟老公說了好幾次，不要讓妹妹再帶榴槤回家了，喜歡就在外面吃。老公覺得這不算什麼，沒放在心上。莎莎自己委婉地跟妹妹說了幾次，也不知妹妹是神經大條還是裝傻，好像沒聽懂一樣，依舊時不時就抱個榴槤回來。

日子就在榴槤味道裡地過著。莎莎看妹妹越來越不順眼，妹妹毫無察覺，每天依舊開心地跟莎莎打招呼，開心地吃榴槤。

有一天下班回家遇到塞車，莎莎下車走了很久才到家，心情糟透了。一開門，一股濃濃的榴槤味撲鼻而來，莎莎立刻怒火中燒，壓抑很久的怒氣就像火苗遇到汽油一下竄起。她怒氣沖沖地走到妹妹的房間門口一腳踹開門。妹妹正在一邊吃榴槤一邊看電影，聞聲抬頭，看見莎莎臉紅脖子粗的樣子，嚇得手一抖，湯匙掉到了地上。莎莎二話不說一把搶過盬子手裡的榴槤，扔進垃圾桶，還不解氣，又一腳把垃圾桶踢翻，鐵青著臉摔上門，氣急敗壞地回到自己房間。

莎莎躺在床上，門外傳來妹妹的啜泣聲。老公推門進來，覺得莎莎有點小題大做：「妹妹在自己哥哥家連吃榴槤的權利都沒有嗎？」

莎莎翻身坐起，怒視老公：「我有沒有在自己家裡不聞榴槤味的權利？偶爾吃也就算了，天天都吃，她有沒有想過這房子不是她一個人住，是不是應該顧及別人的感受？我不生氣就是沒脾氣……」

連珠炮地發了一頓火之後，老公也啞口無言了。他甚至有點後悔，如果早一點提醒妹妹，也不至於造成今天這個難堪的局面。莎莎是敏感體質，對不習慣的東西很難適應，出差的時候都要帶著家裡的床單枕套，不然就會失眠。她能對榴槤味忍耐那麼久，大概也是到極限了。

長時間壓抑憤怒對身體的傷害很大，對人際關係也沒有好處。作為情緒的一種，憤怒會衍生出「心情」，心情持續的時間太長，會慢慢滲入一個人的氣質。一個長期壓抑憤怒的人，會變得目光怨懟，神情漠然，這樣一張「怨氣臉」自然不會讓人喜歡。

所以當你感到憤怒時，千萬不要去壓抑，要想辦法去平復情緒、解決問題。壓抑怒火的後果只能是讓它蔓延，越燒越旺，最後變成一場火災。也許把你逼到爆發的邊緣並不容易，但當這一刻真的來臨時，便會山呼海嘯，對人際關係的破壞性往往是巨大且不可逆的。

有人說過一句話：「一味的隱忍，會讓別人看不清你的原則。必要的憤怒，反而能讓人明白你的底線在哪裡。」或許我們從小就沒學過如何正確地處理憤怒，大多數人可能會習慣性地強忍憤怒，直到自己再也忍不下更多的怒氣而直接原地爆炸。

其實壓抑憤怒只是把怒火存進銀行而已，不僅早晚要把它取出來，而且還會累計利息。隨著時間的推移，「怒點」會低到一觸即發的地步。一旦發怒，要不把事情弄到覆水難收，要不把人際關係毀到難以修復。如此一來，不如在發怒「臨界點」之前就做點什麼，掐滅使你憤怒的「導火線」，把惹你生氣的事情擺在桌面上妥善解決，將其從你的生活當中趕出去。

在管理情緒時，我們很容易進入一個盲點，即認為情緒管理就是學會隱忍，宣洩情緒被認為是情商低的表現。其實比起如何隱忍，我們真正應該學習的是如何表達情緒、疏導怒氣。要知道只有主動地控制情緒，才能塑造好的形象，讓別人喜歡你，願意和你合作。

以下為大家介紹幾種有效管理情緒的方法：

第一，主動迴避法。如果你與同事剛剛發生了激烈的爭吵，最好先暫時迴避他，這樣就可以做到眼不見心不煩，怒氣自消。

第二，主動釋放法。把心中的不平和憤怒向你認為適合的人和盤托出。平時與人相處不可能不產生意見、隔閡，經常交換意見，把話說清楚，也是平息怒氣和增強團結的方法。

第三，轉移思想法。如果你在生氣時始終想著讓你生氣的事情，那麼最後的結果只能是越想越生氣。相反，如果你能透過其他途徑或者方式來轉移自己的注意力，比如聽音樂、陪孩子玩等，主動地接受另一種刺激，就可以轉移大腦注意，使憤怒情緒在不知不覺中消失。

第四，認真溝通法。不生氣時，試著去和經常讓你生氣的人談談，聽聽彼此最容易發怒的事，想一個溝通感情的方式，不要生氣。也可約定寫張紙條，或進行一次緩和情緒的散步，這樣你們便不必繼續用毫無意義的怒氣來虐待彼此。

第五，強迫記錄法。寫一份「動怒日記」，記下自己動怒的時間、地點和對象、原因，強制自己誠實地記錄所有動怒行為。你很快就會發現，光是記錄這些麻煩事就可迫使自己少生氣了。

正確地表達憤怒，不僅給了別人修正錯誤的機會，也重建了自己和自己、自己和他人的關係。所以，當你感覺不爽想發飆時，不妨試試以上調節心情的方法，會讓你的心情更加美麗。

我這麼慘，你忍心不管嗎？忍心！

梅梅發現同事小雅經常把公司的列印紙、簽字筆拿回家去用，還偷偷地把放在飲水間給大家吃的堅果帶走。突然有一天，小雅哭得梨花帶雨，跟同事們說自己父親檢查出了癌症，急需一筆錢救治，她一時拿不出來，很難過，希望同事們能幫忙。

大家出於同情，紛紛轉了錢給她。沒有轉錢的，小雅就一個個私訊，被問到的人面子上實在過不去，只好也轉了。問到梅梅時，她直截了當地說：「我也很難過，但真是愛莫能助。」

小雅氣死了，大罵梅梅沒有愛心，冷血無情，還在公司四處宣揚：「難道她就沒有父母嗎？這種人不值得交往。」

梅梅反問小雅：「你家裡去年剛領了鉅額的拆遷補償金，足夠負擔醫療費用，況且現在剛剛開始治療，你就找大家捐款，是要同事們替你盡兒女的孝心嗎？」

「難道她就沒有父母嗎」小雅這句譴責無異於是一場「道德綁架」，其潛臺詞就是：如果連老人的苦難都無法將你打動，那你還是人嗎？如果遇到這樣的質問，很多人的內心都會掙扎。但理智的梅梅完全沒有屈服於這場「道德綁架」。捐款本就是一件自願的事情，捐不捐是別人的自由，不能以善良為理由對他人進行道德綁架。

以「賣慘」的方式博取同情，其實是對善良的一種侮辱。這類人往往也擅長得寸進尺，一旦嘗到甜頭，就會牢牢抓住「賣慘」大法不放。如果我們覺得不對勁，不想再配合下去，就會被扣上「冷酷」的帽子，成了沒有同情心的惡人。

在這方面，我有切身體會。

有一次，我下樓倒垃圾，看見一個老人在門口遊蕩，他上前來問我社區裡有沒有房子出租。剛好我家鄰居正要往外租房，於是就領他上樓去問。老人租房的條件比較苛刻，既要戶型好、樓層低，還要租金便宜，所以跟鄰居沒有談妥。

從鄰居家出來後，那個老人突然哭了起來。我問怎麼了，他一邊抹眼淚一邊哽咽著說，家裡遭遇大變故，兒子做生意賠了錢，把他的房子抵押出去了；房子被銀行收走了，害得他一大把年紀居無定所，還得到處租房，他身體又不好……當時聽得我心中惻然，覺得實在可憐，就把老人帶到家中休息一下。老人環顧四周，問我的房子租不租。我說確實有搬家的計畫，但是在半年後，一時出租不了。老人又哭起來，說現在住的房子也是租的，房東勒令他近期必須搬走，沒想到自己的晚年竟如此淒涼。我想了想對他說，自己最快三個月後搬家，如果能等三個月，就把房子低價租給他。老人表示很驚喜，也很感謝，當下就談妥了。

當時我的心態完全是出於同情，覺得別人在難處，自己能幫一把就幫一把，助人為樂總是沒錯的。沒想到，至此劇情就開始反轉了。

交接房子的時候，雙方皆大歡喜，我把能留下的家具都留下了，老人一家對房子也很滿意。但是在交房租的時候，他提出先交半年的，理由是當時已是六月，交半年剛好交到年底，從明年一月開始再按一整年交。我一笑置之，覺得也無所謂。

沒想到，老人搬進去沒多久，電話就三天兩頭地打過來，今天提出要換防盜門，明天提出換水龍頭，後天要在牆上裝櫥櫃。而這些費用，通通要我報帳。報帳幾次後，我有點不高興，就很委婉地告知家用設備都是完好的，使用完全沒問題，如果想換更好的，就得自己承擔費用。後來我陸陸續續收到了鄰居的不少投訴，說這個老人脾氣差、沒有公德心，經常跟他們吵架，每天很早就在樓下放很大聲的音樂……。

轉眼半年過去了，該交房租了。按照合約規定，這次應該交全年的房租，但老人又提出先交半年的錢，說媳婦得了白血病……說著說著又哭了。我心下猶疑，不同意似乎顯得不近人情，也就這樣了。第三次交房租，依舊只交了半年。

後來，鄰居告訴我，那個老人在院子裡經常「傳授經驗」給其他租房的房客：幹嘛要一次交一年的房租，錢放在銀行裡不會生利息嗎？我聽了苦笑，心裡很不是滋味，有種被耍了的感覺。

在這件事情上，我在意的並不是交房租週期的問題，而是「我本將心向明月」，卻「好心被當成驢肝肺」，待人的一片善意被別人當成了占小便宜的工具。從那以後，再遇到有人「賣慘」，我就冷靜多了，能夠做到理性客觀地去分析他的處境。

一個人把自己遭遇的不幸，動不動就拿出來晒，不是陷入了瓊瑤式的心理漩渦，就是另有目的。「賣慘」之人的慘痛經歷就像一個誘餌，能成功釣起別人的同情心，在一個冠冕堂皇的前提下，輕鬆獲取利益。你看，我也沒跟你要，是你自己願意給。我慘我有理，我弱我可憐，你幫我一下是應該的！

賣慘是一種自尊很低的表現。一個習慣於靠賣慘獲取利益的人，其道德絕對高不到哪裡去。有一則關於「愛心饅頭」的新聞，相信很多人都知道。

一個饅頭店的老闆看到很多流浪漢常吃冷粥冷飯，於是免費送熱饅頭給他們，被人稱為「愛心饅頭」。哪裡知道，久而久之，有些流浪漢不但不感激店主的善良，反而覺得提供免費饅頭太「毛毛雨」了，他們活得這麼慘，給幾個饅頭有什麼用?甚至有人要求：「我不要你們家饅頭，你退錢給我。」老闆終於忍無可忍，停止送饅頭，一眾「純潔善良的民眾」大鬧饅頭店，破口大罵，汙衊栽贓。送愛心送出了仇恨，真是令人瞠目結舌。

雖然令人氣憤，但很多時候就是如此，善良不但不會成為福報，反而招來禍害，成了別人攻擊的目標。所以我們在做個好人的同時，也要做個懂人性、辨是非的人。對於具有垃圾品性的人，一經發覺，就要即刻與之決絕。

善良到底錯在哪

二〇一七年發生在日本的一樁慘案，相信現在很多人都還記得。留學生小江，收留了一個因為分手而被男友威脅的同鄉。案發當天，同鄉打電話給小江希望她能來車站接她回家。善良的小江孤身在車站等了近兩個小時，接上同鄉返回住處。誰知同鄉的前男友追蹤而至。為保護同鄉，小江讓她先進屋，自己擋在門前試圖阻止其前男友進入，結果被殘忍殺害。小江的身上多處刀傷，刀刀致命，慘不忍睹。而在這整個過程中，躲在屋內的同鄉聽著門外小江的聲聲慘叫，自始至終都沒有開門搭救。

倒在惡徒刀下的小江絕對是善良的，也正因為她太過善良，為別人考慮太多，替自己想得太少，而高估了自己的能力，忽略當時的危險。可以說這是一起褻瀆善良的行凶，這是一起慘無人道的傷害。

幫助朋友度過難關固然是應該的，但是在生命受到威脅的情況下，一個柔弱女孩選擇直接與威脅者面對面對峙，絕對是不妥當的。在當時的情況下，如果小江能選擇其他方法保護朋友，比如報警，比如向學校、老師求助，悲劇也許就不會發生。

一位禪師正在河邊打坐，看見一隻蠍子掉進河裡，於是伸出手把牠撈了上來。誰知蠍子卻螫了禪師一下。過了一會，在岸邊爬來爬去的蠍子又掉進河裡去了，禪師再次用手把牠撈了上來。這一次蠍子依然是毫不客氣地再次螫了他。

旁邊捕魚的漁夫看見這一幕，笑道：「你真蠢，三歲孩子都知道蠍子會螫人！」禪師淡然說：「螫人是牠的本性，慈悲是我的本性，我的本性不會因為牠的本性而改變。」

說話間，蠍子第三次掉進河裡，禪師看著自己腫得發紅的手，再看著水裡掙扎求生的蠍子，正在猶豫，漁夫默默地遞過來一根樹枝。

任何時候，頭腦都比善心重要。善良需要講究方式，用對方法。就像故事中的那個漁夫，在蠍子掉進水裡的時候，給它一根樹枝，沒有必要用手撈啊！

網路上有句話說得好：「如果你不是武松，就不要面對禽獸。」不要讓你的善良，成為被傷害的原因。善良的同時要評估自己的能力，在自己能力之內的善良，才是善良；放棄警惕的無界限善良，那是愚蠢。如果幫助別人令你為難，甚至讓你感到不安，那麼千萬不要冒險去賭。

我的朋友阿琳，有一次坐公車的時候，看見一個小偷偷走了一個女孩的錢包。這個女孩在座位上睡著了，絲毫沒有察覺。阿琳和小偷對視了一眼，小偷知道被發覺了，眼神很凶，透露出威脅。阿琳被嚇到了，低頭不語，畢竟她只是個身高一百六十公分的弱女子，而對方是個人高馬大的強壯男人，看上去窮凶極惡。

但是幾分鐘後，公車還沒到站，就有一輛警車呼嘯追來，逼迫公車停車。幾個警察衝上來，帶走了小偷。原來阿琳表面沒有聲張，裝出一副不管閒事的樣子，卻偷偷通知朋友報警，還發起位置共享，警察才會迅速趕來。

在強勢面前，需要審時度勢，用策略助人，拼蠻力絕對是下下策，尤其是在你本身還是弱勢群體的情況下，硬往上衝只能是當炮灰，造成無謂的犧牲。有時候不但幫不了別人，還搭上了自己。

我們的善良必須要有所保留，這份保留不是自私，而是對形勢的判斷，對風險的評估。單憑善良無法控制事態，唯有智慧才能規避風險。如果有更好的方法，何必非要以身涉險？

我很喜歡網上看到的這句話：「善良最好是一種挽救他人於水火而不溺亡自己的能力。」善良光靠一腔熱血是不夠的，一定要有理性保護。遇到危急情況的時候，先啟動智慧，再施行善良。我們小時候都讀過司馬光砸缸的故事，司馬光手裡的那塊石頭，就是帶著智慧的善良。只有這樣的善良，才無堅不摧，更有力量。

為什麼有人把你的善良當軟弱？原來善良也需長牙齒

多年前看電視劇，發現每部劇裡總有一兩個善良至極的人，無怨無悔地為別人付出一切，最後卻一點好報也沒得到，令人哀其不幸的同時也怒其不爭。

印象最深刻的一部電視劇，劇中有一個落魄的富家子弟叫阿發，他有一個青梅竹馬的女朋友小靜，一直無微不至地照顧著他的起居飲食。阿發並不怎麼喜歡小靜，只是樂於有人服侍他。

後來，阿發對一個來他的報攤買雜誌的女子一見鍾情。一次，天降大雨，他竟然不顧小靜的感受，背著心裡的女神過馬路。最後更是毅然拋棄小靜，和女神交往。

有一天早上，小靜來找阿發，求他回心轉意，剛好遇到女神上班從此處經過，在跟阿發寒暄。阿發十分緊張，生怕女神知道了自己拋棄前女友的不光彩行為。哪裡想到小靜竟然強忍心酸為阿發掩飾，裝作路人，說了句「不打擾你們了」，便轉身含淚離開。

如此「善良」，真是令人扼腕嘆息。

後來，與阿發分手的小靜有了新的戀人，卻因為她之前墮胎造成不孕，再次被拋棄，在婚禮前夕跳樓自殺。跳樓前，小靜用手機留下遺言給阿發：「我如果能夠狠一點，就會回去找你。」但是她依然做不到「狠」一點，只是氣自己「幹嘛要這麼笨，還笨了這麼多年」，含恨結束了年輕的生命。

小靜死了，阿發愧疚了一陣子，又繼續去追求女神，追尋自己的幸福了。小靜這樣的人，大家都會不約而同地以最短的時間忘掉她。

即便在生活中，這樣的狗血劇情也真是不少。

我們身邊有很多善良的女孩，明明是離開渣男能生活得更好，但偏偏是一副離開他就不能活的樣子。她們常常到處控訴、抱怨、求助。當你認真提出建議，勸她離開的時候，她反而會為渣男辯護起來：「他除了怎麼樣怎麼樣，其實對我還是很好的！」

很多渣男在一段感情中就像阿發一樣：一不尊重女友的意願，二不關心女友的感受，三不許諾婚姻和未來，還得意揚揚地自詡為「不積極、不主動、不負責」的「三不先生」。就是這樣一種看不到未來、看不到光亮的感情，卻依然有女孩會死心塌地不離不棄。

都說感情的事是當局者迷，旁觀者清。在一檔綜藝節目中，場上的嘉賓就是當局者，場下的兩性專家則是旁觀者。這一檔節目能讓人很清楚地看明白，很多深陷在情感困局中的人，其實只是走不出自身的認知盲點。

一些前來求助的女孩，總是長篇大論地陳述對方如何花心、如何冷漠、如何懶惰甚至家暴……直到專家問她們：「他都那麼壞了，你為什麼不離開？」然後女孩就會追憶他們在一起的時候，對方點滴的好處。

專家一針見血地告訴她們：「你們場上的人與我們場下的人最大的不同是，我們有原則，你們沒有原則。留戀他的一點好，忘了是非。如果在該堅守原則的時候狠不下心來，忍受不了當時的痛苦，那麼將來就會有更大的痛苦，久而久之這種痛苦就會麻痺你自己。」

「沒有原則，忘了是非」，這是過度善良的人的一個通病。無論做什麼事情，大是大非都弄不明白，細節再完美也是枉然。

在人際關係裡，大部分人不會感恩你無底線的善良，越是輕易得到的東西越不被珍惜。在感情的互動模式中，最可怕的得寸進尺就是，其中一方對「自我」的退讓。要明白他人的囂張跋扈其實是我們對於「自我」的讓步，讓對方有機可乘，乘勢而上，逐漸令自己進入了一個難以扭轉且長期處於劣勢的局面。這樣的人很難在這個粗鄙的世界走得更遠。

這背後的心理狀態及原因，可能是害怕被對方討厭，害怕對方離開自己。因為害怕失去，所以處處遷就，總是將對方的需求放在優先順序，凡事以對方的舒適度為主，完全沒有了自我，根本不去正視及深思自己真正想要的生活是什麼樣的。

想想看，一個善良到連自我都失去了的人，讓別人愛你什麼？你的唯唯諾諾？你的忍辱負重？一個沒有原則、沒有個性的人，其實已經失去了愛的能力。這樣的人，身上怎麼可能有魅力的光芒？

善良的人，請記住一個忠告：無論你愛著誰，都要愛自己更多一點。要看到自己的優點、肯定自己、悅納自己，勇於把心中不舒服的情緒表達出來，讓對方了解你的想法。如果對方因為你不再「順從」而不悅，甚至離開，那就請他能走多遠就走多遠吧！置身於一段不平等的感情中，本身就是受罪。一個真心愛你的人，不會利用你的善良而讓你受苦。在雙方的關係出現問題的時候，彼此要正視問題，藉由良好的溝通來解決問題，這才是一個健康的相處模式。只有如此，感情才能在互相尊重、互相關愛的前提下穩定發展。

希望你能把善良武裝起來，然後溫柔待人，也被世界溫柔以待。

善良，要以維護邊界為前提

日本小說家太宰治的自傳體小說《人間失格》中，有這樣一句話：「我的不幸，恰恰在於我缺乏拒絕的能力。我害怕一旦拒絕別人，便會在彼此心裡留下永遠無法癒合的裂痕。」的確，在這個「人情社會」中，我們很難將拒絕的話說出口，可這樣做真的對嗎？

一個做設計師的朋友告訴我，他最討厭的事就是別人對他說「嗨，幫我設計個 logo」。有些人覺得畫個 logo 寥寥幾筆，是件特別容易的事，對於設計師來說就是舉手之勞。如果連這麼小的事情都拒絕幫忙，那簡直就是不近人情。

殊不知，只要是創意類的工作都很燒腦，人家真的沒有義務在每天八小時的工作之後，還要犧牲休息時間耗費腦細胞為你們服務。

相信很多人都有過這樣的經歷：學電腦的人下班後總被朋友叫去當免費維修工修電腦；做文案的經常有朋友拜託寫各種文稿，還理直氣壯地說「你是專業的，寫這個還不是小菜一碟」……

學設計的 COCO 就總是遭遇這種問題，時不時就有朋友來找她幫忙。雖說 COCO 平時工作也很忙，但總覺得大家都是朋友，不幫忙說不過去的。

COCO 有個同學，自己開了家小公司，由於剛創業想節約成本，所以公司的海報、名片、logo，大大小小的設計全讓 COCO 做。有一次，同學直接傳了一個資料夾給 COCO，說明天就要用，讓她幫忙修一下裡面的圖片。COCO 點開資料夾，頭都大了，大大小小將近一百張圖片，每張圖片要改的地方也很多。她馬上告訴同學，修好這些圖片至少要一週的時間，因為她現在工作很忙，經常加班，這個工作明天趕不出來。

沒想到同學立刻就不高興了，竟然說：「本來我在網上找人修也花不了多少錢的，我們同學一場，才交給你做的，你就是想讓我付錢！」

COCO 聽到這句話的時候，氣得臉通紅，她想：我一次次地幫她，做免費勞工，難道是我錯了嗎？甚至開始懷疑善良的意義：「不要做什麼好人了，因為好人不一定有好報。」

現實生活中像 COCO 同學這樣不知分寸的人很多，他們心安理得地占用你的時間和精力，還能活得比誰都理直氣壯。你為他著想，辛辛苦苦幫了他很多忙，卻絲毫沒能換來對方的半點感恩。他覺得你善良，麻煩你多做點事也是天經地義，有這樣的好朋友，能用還不多用？

不管在生活中還是工作中，我們每個人都會遇到他人的請求，一般情況下，擺在我們面前的只有兩個選項：答應或拒絕。選擇拒絕，極其不忍心，既然人家都已經開口，在力所能及的情況下，自然要幫忙，這是做人的一種善良。可是選擇答應有時自己又非常為難。

其實，人際關係中的很多煩惱，很大一部分來自不會拒絕別人。為什麼明明自己不樂意，還是會強忍著去幫助別人？僅僅因為「他是我朋友，所以要善待」嗎？

通常不願意拒絕別人的原因是怕傷了情面，怕對方覺得自己薄情寡義，不夠朋友。這是因為對人際關係有種不安全感，生怕拒絕就會傷害彼此間的關係，沒有勇氣去承擔萬一朋友離開的風險。所以就會用不拒絕來獲得他人的認可，來維持人際關係的良好互動。

「我是好的，我是有朋友的，我是被接納的。」在這種種的自我確認的暗示下，寧願忍痛掩藏自己的真實感受，也要維持自己是一個好人的假象。

事實是，別人真沒有你認為的那麼玻璃心。三毛說過：

「不要害怕拒絕他人，如果自己的理由出於正當。當一個人開口提出要求的時候，他的心裡就預備好了兩種答案。所以，給他任何一個其中的答案，都是意料中的。」

一個真正的朋友不會因為被拒絕就與你絕交，相反的，會重新審視你們之間的關係。他會理解，你拒絕必然有自己的理由。只有那些懂得拒絕的人，才能讓別人看到你的原則和底線，讓自己在人際關係中達到與他人的雙贏。所以永遠不要為了怕得罪別人而為難自己，從而答應一些觸犯自己底線的事，要學會適當拒絕。

有作家在談到拒絕的時候說：「拒絕是一種權利。你那麼好說話，又有誰能體諒你？生活本就不容易，很多時候你捨棄了自己寶貴的時間，卻被那些利用你善良的人壓榨，於他們而言，你所做的事都不值一提。」

因為不會拒絕，很多人會陷入一種生活的不自由中。既然答應了別人，就不得不做很多額外的事情，時間、精力都要不停地為「不會拒絕」而支付成本，把自己弄得很累，哪裡還有充裕的時間和閒適的心情來經營生活、照顧自己？自身的才華、能力也可能會因此而無法發揮，影響到工作和事業。

一項心理學調查結果顯示：一個人的拒絕能力與內心是否強大的關係密不可分。也就是說，一個總是無法拒絕別人、不敢拒絕別人的人，內心一定是軟弱的；相反，勇於拒絕別人的人，內心一定是強大的。

大多數時候，一個人難以拒絕別人，其實是無法接受一個「讓別人失望」的自己；而一個內心強大的人，能夠做到認同自己、接受自己，不需要透過滿足對方的方式來獲得他人的肯定。一個內心強大的人，必然活得篤定從容，知道自己要什麼，知道什麼事情應該排在優先順序處理，懂得透過適當的拒絕來實現自身價值，而絕不會為了滿足別人的要求而消耗自己大量的時間和感情。

請記住，善良不等同於討好，行善的前提是維護自己的邊界，保護自己不受傷害。希望我們每個人都做一個內心有力量的人，不刻意討好、不一味遷就，用一種帶有邊界的善意，在餘生中勇敢地綻放和成長。

格局太小，善良就會變成一種添亂

我的一個朋友，自從生了女兒，竟然跟自己的媽「鬥」上了。原因是兩代人育兒觀念的嚴重不同。

朋友的母親跟很多老阿姨一樣，特別迷信民間偏方，每天在社群軟體轉發各類養生文章：「西藥有毒，中藥養生！」、「不知道這三點，你每天都在被毒害！」、「是藥三分毒，不用吃藥，只需這樣做你的病馬上就好！」……她不僅自己對這些文章深信不疑，還特別熱心地推薦給別人，讓別人也試一試。如果告訴她那是偽科學，不足為信，她會覺得你不知好歹。

有一天，朋友的女兒發燒到39度，朋友嚇壞了，一邊餵孩子退燒藥，一邊準備去醫院。誰知她的母親攔著非不讓去醫院，也不讓吃藥，用蛋清敷額頭，用雞蛋滾後背，用蔥白和香菜煎水給孩子喝。折騰了一天，孩子也沒退燒。晚上，朋友的老公下班回來，二話不說，抱起孩子直奔醫院。

到醫院一檢查，孩子是肺炎，白血球數量已經高到「警報」，非常危險，醫生要求馬上住院。朋友對母親抱怨不休。問題是，這位阿姨故意要弄成這樣嗎？她也滿腹委屈，自己明明是一片「好心」，不想讓外孫女被西藥「毒害」。

在女兒的埋怨下，老阿姨決定不幫女兒帶孩子了，收拾東西氣呼呼地回了老家，臨走還對女兒撂下一句話：在你家待著太憋屈了！

有一句話叫「好心辦壞事」，好心為什麼會變壞事呢？因為你的善良、你的願望，需要強大的理解與格局來成全。如果理解不足、格局太小，善良就會變成一種添亂，甚至成為禍害。上文中的老阿姨，由於自身認知層次的局限，有善心而無良行，確實算得上是一種愚善。

有作家說：「善良是一種遠見。」心理學中有一個名詞叫「隧道視野」(Tunnel Vision)，意思是一個人如果身處隧道之中，視野就非常狹窄，只能看到前後左右附近的地方。只有眼界開闊了，才能看得遠、看得寬，才能從多個角度想問題，不但從自己的角度，也能從別人的角度，甚至還會考慮到一件事產生的後續連鎖反應。

格局小的人，看不出事物之間的因果邏輯，往往是誠心誠意地助人，卻幫了一堆倒忙。一個人的格局在哪個層次，他的人生就處在什麼狀態。如果總是感到壓力重重或痛苦萬分，那就先好好梳理一下自己的內心。自己的內心不夠疏朗，格局不夠開闊，你的付出和別人的需求可能就不在一個頻道上。你所謂的善良，也可能只是自以為是的善良而已。

格局是可以透過學習放大的。一個人可以不成功，但不能不成長，不要總在熟悉的生活模式和環境中打轉，要拿出跳出舒適圈的勇氣，多到廣闊的世界看一看。眼界大了，見識廣了，格局自然就大了。

生活中有很多煩惱來自鑽牛角尖，容易想不開。凡事學會從大處著眼，從高處布局，不但能減少煩惱，還能讓思路開闊，找到更好的解決方案。

多理解別人的感受，學會多角度、全方位思考，看問題就會更加客觀、更加全面，也更能制定好長遠規劃，而不會在眼前的短期利益前徘徊不前。

催眠大師馬修．史維說過：「你的格局一旦被放大之後，就再也回不到你原來的大小。」這是一件令人高興的事。我們突破了現有的格局，站在更高的精神層次上，必然會更加純真善良，生活也會變得更好。

第三章 惡意超乎你的想像

一段傷你錢的關係，早晚會傷你的心

「談錢傷感情」是人特別愛說的一句話，越是關係好，越是不好意思把錢算清楚，有的人甚至認為在感情面前談錢就是「拜金」，就是「勢利」。既然「錢」這個字眼這麼敏感，就更要光明磊落地談，越是親密的關係，越是要明確態度，開誠布公地談。一開始談清楚，才不會在後來因為錢而彼此難堪。

正是因為總有人把錢和感情攪在一起，所以才有人以感情的名義占便宜，直到把感情都消費完了，別人不願意再為這份「感情」買單，他們還覺得自己受到了一萬點傷害，之前為他們花出去的錢，自然也別指望能夠感恩了。所以，在遇到金錢問題的時候，最好是避免金錢糾葛。透過消耗彼此的情誼來占一點兒金錢上的便宜，時間久了，必然會造成感情的崩塌。別羞於談錢，親兄弟明算帳，一段傷你錢的關係，早晚會傷你的心。很可惜的是，這個道理，往往很多人都是在心被傷透了之後才明白。

那麼，我們為什麼不願意談錢呢？因為一旦開口談錢，就顯得特別斤斤計較，面子上似乎有些過不去，甚至怕被看不起。其實在任何一段關係中，人人心中都有一個天秤，不可避免地要衡量和算計。假如一個人因為你跟他談錢而覺得自己受了傷害，甚至表現出瞧不起你，那麼這個人就不用深交了，他要麼貪婪，要麼虛偽。

朋友小張跟我講了一個自己的故事。他小的時候，爸爸在郊區買下了一套房子，一直閒置著。後來他和哥哥長大了，都需要成家立業，父母提出，他的工作穩定，收入高，而哥哥沒有工作，買婚房很吃力，不如給哥哥一筆錢，而郊區的老房子就歸他了。

小張不願意，他和女朋友已經決定在公司附近買房，這套老房子的CP值太低，他並不想要。父母勸他一家人不要算得那麼清楚，把錢看得那麼重，張口閉口就談錢。無奈他把錢給了哥哥，搬進了老房子，上班通勤十分不便，只好貸款買車。

幾年以後，這套房子突然要拆遷，哥哥找到他，提出要分拆遷補償金。他說可以，但是當初給哥哥的錢要還回來，而且這幾年房價漲得太快，當年能買十平方公尺的錢，現在連一平方公尺都買不了，這筆錢在哥哥手裡放了好幾年，已經嚴重貶值，反還需要支付利息。

父母大怒，質問他：房子已經升值不少，跟當初有了好幾倍的差價，你已經占了大便宜，現在還跟哥哥計較一點利息，還有兄弟情嗎？還算是一家人嗎？他啼笑皆非：既然跟兄弟要利息不是一家人，你們跟我算差價，算是一家人嗎？無論是誰，如果把房子賣給了外人，升值之後，是萬萬不敢再找上門去討要差價的，但是對待自己的家人卻敢這麼做，理由就是「一家人不要算得那麼清楚」。

在父母施加的壓力之下，吵吵鬧鬧好幾次，小張不但沒要來利息，還把拆遷款的一大部分給了哥哥，用剩下的錢買了公司附近的一套房子，僅夠付頭期款，開始了苦澀的房奴之旅。而小張的哥哥，當年用小張的錢趁著房價低買了房，如今又得了一筆拆遷款，日子滋潤得不得了。

小張覺得自己已經足夠大度，沒想到他在親戚朋友之間還是落下了一個「重利輕義」的壞名聲。父母經常對親戚說：小張收入高，還有退休金，幾年就能把房貸還清，早點買房還是晚點買房能有什麼區別？他哥哥要是沒人幫一把，得還一輩子貸款。兄弟手足之間，算盤打得這麼精，這孩子真是不懂事啊！

小張總算明白了什麼叫「豬八戒照鏡子，裡外不是人」。如果小張不顧念親情，當初就不會從父母手裡買下那套老房子，那套房地段偏遠，交通不便，屋齡老，戶型差，升值速度慢，絕對不在他的購房選擇之內。就因為想讓哥哥能早點買房，他決定做一些犧牲。早知道家人會這樣步步緊逼，他一開始絕對不會心軟開這個頭。

家人只看到他收入高，沒看到他壓力大，工作累，生了一對雙胞胎寶寶，生活負擔重，他們這麼一攪和，他錯過了買房時機，損失巨大不說，還把生活規畫、理財計畫等全打亂了，甚至不得不放棄創業的想法，人生已經受到了極大的影響，最後還落了個「重利輕義」的名聲。

小張父母的出發點是希望每個孩子都能過得好，能力強的孩子拉能力差的兄弟一把。這或許沒錯，錯就錯在他們不懂得見好就收，時間久了，必定會啟動人性中一個叫做「貪婪」的屬性。

無論是團隊管理還是涉及金錢往來的各種關係，一個很重要的原則就是公平。放棄了公平原則，即使短期受益，也會後患無窮。那種口口聲聲要求別人只談感情不談錢的人，其實把感情看得一文不值。如果看重彼此的感情，他怎麼可能會只盯著自己的利益，不顧你的難處呢？那些情比金堅的關係，往往在金錢上做到了銀貨兩訖，清清爽爽。

人與人之間的關係，越簡單越好。金錢上的糾葛越少越好，利益分配越複雜，越容易勾心鬥角。有智慧的人，定會處理好與別人的利益關係，最聰明的做法就是，盡量把情感關係和錢的關係分離開，減少自身的消耗，省下時間和精力去做更重要的事。比如作家張愛玲，是出了名「錙銖必較」，有人這樣評價她：「她認真地工作，從不占人便宜，人也休想占她的，要使她在稿費上頭吃虧，用什麼高尚的話也打不動她。」

談錢並不傷感情，因為談的是錢，看的是人品。

孔子說「以德報怨」？其實，下半句才是重點

大多數人認為，善良就是無止境的寬容，似乎不原諒就代表不善良。

在韓國電影《罪愛》（*A Reason to Live*）裡，女主角多惠的未婚夫翔宇在一個雨夜被一個騎摩托的十七歲少年撞死。多惠選擇了原諒肇事少年，還替對方寫了請願書向法官求情，並且策劃以「原諒」為主題的紀錄片，開始採訪不同的受害者家屬，希望他們都能原諒殺害他們親人的凶手。

隨著採訪的深入，多惠知道了很多受害家屬的想法，也不斷加深了解了那個肇事的十七歲少年。她陷入了巨大的震驚之中：原來事發當天，那個少年為了逃避責任，兩次碾壓翔宇，最終導致翔宇死亡。之前他還曾持刀刺傷自己的母親，母親為了袒護兒子，並未報案。

那次事故之後，多惠的善良依然沒有感化少年，因為一次次地被輕易原諒，反而讓他

有了僥倖心理。後來少年在學校因嫉妒再次犯下罪行，將同班同學殺害。

這部電影，讓人們看到受害者家屬選擇了原諒，但是犯罪者並沒有真心悔過，而是再次犯罪，致使受害者家屬的心靈再次受到傷害。

多惠終於明白：她所謂的善良，是無原則、無是非判斷的善良；她所謂的善良，對受害者是一種殘忍，是對惡的一種縱容，是對正義的一種褻瀆。這種愚蠢的、不經過慎重考慮的善良可能會導致更大的災禍。多惠所謂的原諒，迷失了自己。

江山易改本性難移，你怎麼可能相信一個無惡不作的人瞬間就換了性情？善良需要分清對誰，對惡人的善良就是對自己的戕害。在罪惡面前，寬容不是善，是惡，是大惡。幾年前，看到一則社會新聞，一個女人把自己只有三個月大的小女兒扔到河裡淹死了。辦理此案的檢察官很同情這個可憐又可恨的女人，為她找了種種理由開脫，比如還有兩個孩子需要撫養，比如夫妻長期缺乏溝通導致心情憂鬱，比如教育程度不高，硬是把她從監獄裡弄了出來，還幫她申請了國宅。最後，兩個人還拿著白蠟燭到河邊去祭奠那個被溺死的嬰兒。

檢察官說，這個孩子如果知道這一幕，會原諒她的母親的。最後鏡頭定格在那個孩子的屍體上，小小的身體，穿著紅肚兜，據說這是她唯一的一張照片。這畫面，看得我全身起雞皮疙瘩，寒意凜凜。

這件事，當時在社會上引起了很大的爭議。但這一切，跟那個只活了一百多天的可憐的孩子還有關係嗎？她還有機會知道嗎？還有機會原諒嗎？沒有，她已經死了！

都說虎毒不食子，但有些人的人性之陰暗，即使是親情，也無法將其照亮。讓罪惡受到懲罰，讓正義得到伸張，這才是真正的善。規則要永遠高於善良。

在生活中，我們常會聽到一句熟悉的話叫「以德報怨」。「以德報怨」似乎是一個極高的道德標準，能夠展示我們大度的氣魄以及大氣的善良。被別人冒犯了，要用「德行」去感化他，牙打掉了也要往肚子裡吞，只要有還擊就是個沒有德行、不大度的人。

真的是這樣嗎？

殊不知，「以德報怨」只是半句話，它還有下半句。「以德報怨」出自《論語・憲問》：「或曰：『以德報怨，何如？』子曰：『何以報德？以直報怨，以德報德。』」（一個學生問孔子：「用善行回報惡行，怎麼樣？」孔子說：「你拿善行回報惡行，那用什麼回報善行？要用適當的懲罰回報惡行，用善行回報善行。」）

可見，一直以來，我們都曲解了孔子的意思，把「以德報怨」立為了道德標竿。其實，孔子反對「以德報怨」，他認為這是在損害我們的道德，讓道德無底線可守。孔子給出的分寸是「用適當的懲罰回報惡行，用善行回報善行」。那些傷害別人的人，必須要接受公平正直的處罰！

有些人擅長站在道德的制高點以聖人的標準要求別人，卻忘了還有句話叫「己所不欲，勿施於人」，自己未必能做到的事情，就不要去要求別人。這個世上很難有真正的感同身受，所以不要輕易勸人寬宏大度。那些勸你輕易說出「原諒」兩個字的人，可能並未體驗過你深入骨髓的痛苦。

英國哲學家伯特蘭．羅素（Bertrand Russell）曾說：「若理性不存在，則善良無意義。」不是所有的「對不起」都能換來「沒關係」。我們沒有義務毫無原則地原諒傷害自己的人。在沒有正確認知的人面前，請收起你無底線的善良，因為善良到最後，換來的可能是自己傷痕累累。

有的人真的不值得被原諒。選擇不原諒，無關寬容，無關大度，更無關善良。用普丁描述恐怖分子的那句話說，就是：「原諒他們是上帝的事，我們的任務就是送他們見上帝。」

蘇格拉底曾經說過：「智慧即美德。」面對傷害，在原諒之前，需要用智慧去分辨。誰又能說，不原諒就是不善良？不要用好人的頭銜去苛待自己，那是世上最虛無的東西，更不要用善良的枷鎖去要挾別人。

在傷害面前，你有權選擇原諒或者不原諒。但無論怎樣請你記得，只要讓自己的心裡舒服就好。原諒與否，是你的權利，而讓自己活得好，卻是你必須履行的義務。

善良給錯了人，也是一種助紂為虐

《夢溪筆談》中寫了一個故事：淮南人孔旻，發現總有人偷偷蹚過溪水，到他家的花園中偷竹子，就特地在小溪上架了一座小橋，方便偷竹子的人通過，不用再踏入冰涼的溪水裡了。

還有一個類似的故事：北宋王旦府上有個廚師，經常貪汙，一斤肉他要私藏半斤，家裡的孩子們因為吃不飽天天怨聲載道，王旦聽說後，並沒有懲罰廚師，而是把每天一斤肉食的額度提高到了一斤半。

這兩個故事頌揚的都是寬容待人的雅量，但給人的感覺卻很彆扭：孔旻以慈悲為懷，但也姑息甚至鼓勵了偷竊的惡習；王旦寬待下人，實際上也是對廚師的貪欲採取了默許的態度。善良的底線，不是隨隨便便私自確定的，它必須要有對規則、對法律的尊重。越過了這個底線，就偏離了善良的本義，偏離了社會的價值觀和倫理觀。在一個法制健全的文明社會，這種態度是不可取的。

一味地縱容壞人壞事，輕微點是貽害自身，嚴重點就是危害社會。當你縱容的是一個喪失良知的人，你的善良就失去了意義。

容忍無心之過是美德，縱容壞人壞事便是糊塗。面對那些三觀不正的人，我們一定要多留心，第一時間遠離這種人渣。因為在邪惡面前，你永遠都不知道會不會被自己的善良害死。

有人習慣了你的大度，就忘記了收斂

阿芳和老公辛苦奮鬥近十年，終於還清了車貸、房貸，原以為從此可以過上輕鬆一點兒的日子，沒想到有一天有人一早就在敲門，阿芳開門一看大吃一驚，公公、婆婆和小叔一家人，愁眉苦臉地站在門外。

原來，小叔去年心血來潮想要做生意，就貸款開了一家小公司，結果把家底都賠進去了，但銀行的貸款總是要還的，把房子賣了還遠遠不夠。一家人走投無路，只好投奔哥嫂。阿芳面露難色，家裡也就是個兩房一廳，突然跑來這麼一群人，根本住不下。她剛露出一點為難，婆婆就一屁股坐在地上啜泣起來。弟妹更是誇張，走到她面前，雙膝一屈朝她下跪。阿芳立刻心軟了，人一心軟，智商就容易下跌，或者說，不恰當的心軟本身就是智商不高的表現。結果就是一家大小全住進來了。

從此阿芳就過上了焦頭爛額的日子，每天忙著透過各種管道幫小叔找工作、找出路，終於透過朋友找到一個可靠的品牌加盟。經過努力經營，小叔一家人的生活也逐漸走上了正軌。一年之後，小叔一家終於搬出了阿芳家，在附近租了一間小房子。阿芳鬆了一口氣。不過小叔一家雖然搬走了，似乎仍然把阿芳家當作自家廚房。婆家每個人都拿著阿芳家的房門鑰匙，誰想來就來，連個招呼都不打。

有段時間，阿芳被隨時都可能出現的鑰匙插鎖孔的聲音弄得都神經衰弱了。衣櫃裡、櫥櫃裡隨處可見小叔一家的東西，阿芳試探著跟婆婆說讓弟妹拿走，婆婆每次都拐彎抹角地暗示阿芳再忍忍，等小叔換個大一點的房子就全拿走了。

這些生活瑣事阿芳還能勉強容忍，但是另外一件事卻讓她忍無可忍。

這一年多，阿芳和老公除了出力，還出了很多錢，小叔做生意的加盟費都是他們夫妻墊交的，不但用光了女兒的教育基金，還向朋友借了錢。眼看著小叔的經濟狀況有所好轉，她覺得這筆錢也該還了。可是這事不提還好，一提大家的臉色都不好看。婆婆嘮嘮叨叨，說為了供哥哥上大學，弟弟國中畢業就輟學外出打工，吃了很多苦，這個家對不起他……

阿芳看老公，老公一言不發。阿芳明白了，原來婆家人覺得老公報恩的時候到了。更令她崩潰的是，她後來才知道，小叔手裡還有一筆存款，根本沒有負債，就是覺得哥哥收入高，生活條件好，應該幫自己一把。說白了，小叔就是來「吃霸王餐」的。這件事老公也知道，自始至終被騙的只有她自己。一氣之下，阿芳提出離婚。律師告訴她，雖然房子的頭期款她也出了錢，而且一直幫老公還房貸，但是這房子是在兩人結婚之前買的，登記在老公名下，她在分割房產時會大大吃虧。如果當初買房子時能根據出資情況寫一份契約，現在就有利多了。但是幫小叔交加盟費借的錢，屬於夫妻共同債務，離婚後她還需要繼續償還。

阿芳徹底傻了，欲哭無淚。如果當初在購房的時候，她不那麼「大度」，把自己的名字也登記上去；如果小叔一家來投奔的時候，她能好好詢問一下細節，調查一下真偽；如果在幫助別人的時候能夠量力而行……事情絕對不會發展到現在這種進退兩難的地步。

據說，有一家電視臺邀請一位心理學家做了一個實驗，叫做「透視你的心」。

實驗開始時，心理學家隨機在觀眾席中請了一位家庭主婦、一位律師和一位教師上臺，讓他們從不同的盒子裡取出心理學家寫給他們的一張紙條，上面是專屬於他們的「心靈密語」。家庭主婦展開紙條看完後，淚流滿面，說心理學家看到了她的心，洞悉了她這些年的辛酸。

律師看完紙條後，眉頭緊鎖：我心中從未對別人說過的感受，你竟然知道！

教師看完後大聲驚呼，說心理學家簡直精通讀心術，比世界上的任何一個人都了解他的心。

看到這，臺下的觀眾好奇不已，強烈要求他們公布屬於自己的「心靈密語」。三個人讀完手裡的紙條後，全場沉默了。原來，三張紙條上寫的是同一段話：

「你不是沒有考慮過擺脫眼下的一切，但你狠不下心來。善良已經成為你的軟肋，讓你屢遭欺騙。你知道這對你來說太不公平，但為了你的至親所愛，你選擇了隱忍。你的心越來越失望。他們已經習慣於把你的大度與包容視為軟弱可欺，就連你自己都不確定了。改變？在這個過程中有可能帶來的任何傷害，都是你無法接受的。委屈與無奈，你已經默默承受至今。」

心理學家並不是神機妙算的大師，而是抓住了人們一種共同的情緒與情感。

因為大度，生活對你越來越不公平。你承受的最多，得到的最少。你越是容忍，別人越不懂收斂；你越無私，別人越自私。你身邊最親最近的人，為了自己活得舒服，根本不顧你的感受，甚至開始欺騙、背叛你。你感到委屈，但你不是唯一的那個。有太多的人，將善良變成自己的軟肋，就像武俠小說裡的「命門大穴」，一旦被人捏住便不堪一擊。

善良是優點，不是弱點。如果你的大度換來的是恣意妄為，你的心軟讓別人得寸進尺，那就得好好問問自己，為什麼要一再地包容縱容別人？答案可能是：因為他們是你的家人，是你的朋友，是你生命中很重要的人。那麼，他們有沒有把你也當成生命中很重要的人？真正關愛你的人，想得更多的是他能為你做什麼，而不是總要求你必須為他做什麼。

我們要善待他人、尊重他人，同時，也需要別人善待我們、尊重我們。如果善良被套路、真心被踐踏，那麼沒有什麼可猶豫的，請拿出理智，收起善良，爽爽快快地斷捨離。從此，兩不相欠，一別兩寬。

如果一個人的生活布滿了各種錯綜複雜的衡量和計較，那麼活得一定會很累。與其如此，不如讓彼此的關係變得更簡單。如果你來索恩，那就提個條件，我做多少你才會滿意；如果你來求助，那麼我要畫條線，這條線之外的，做不到就是做不到，哭天喊地也沒用。

比扔幾件舊東西更難的是情感和人際關係的斷捨離，但這也是我們學會愛與被愛，獲得健康人際關係，走向自由生活的必經之路。

你所遇見的討厭人，都是被你的「好」慣出來的

我有一個朋友，曾經是一家公司的行銷經理，但不知什麼原因突然離職了，從此一蹶不振。在大家的視線中消失了半年之後，有一天她突然哭哭啼啼地找到我，說自己身無分文，就要流落街頭。剛好當時我有一間小房子暫時閒置，就讓她先住進去再做打算。接下來的很長一段時間，每次我去看她，總要敲半天門，聽見她在裡面傳來哐哐噹噹的聲音，然後蓬頭垢面地來開門。屋子整間都是汙濁的空氣，桌子上放著殘羹冷飯，地上到處都是垃圾。一開始我認為她處於谷底狀態太久了，需要外界的助力才能重新振作，於是雄心勃勃地想要改變她，幫她辦了健身會員，帶她做了頭髮，買了新衣服、新鞋子、新包包，甚至新內衣，還幫她找了兼職讓她在家裡做。

一週以後，我再去看她——新髮型已經蓬亂，照樣是一地垃圾，她正蓬頭垢面地坐在電腦前玩遊戲。

兩個月後，有一天她突然打電話給我說父親病了，急需回家探望。我說如果她急著走，就把房門鑰匙和門禁卡放在櫃檯，我有空去拿。

等我拿到鑰匙進屋，發現她留下一張紙條，大意是我對她不信任、不仗義，一再要求她留下鑰匙，本來她是想過段時間再回來住的。既然我如此對她，那麼就此別過吧，並且基於對我的憤怒，她拿走了房間裡的筆記型電腦。

我捏著這張紙條愣了半天，即便是我父母過來小住，臨走的時候也會把鑰匙留下，讓我能更方便使用。怎麼留下鑰匙就傷了她的自尊呢？這也太玻璃心了！

「我哪裡錯了？」我問摯友。

摯友冷笑：「你錯在以為自己是救世主！」

出於朋友間的情誼，江湖救急不是不行，但救急不救窮，如果讓一個人衣食無憂的安全感來得太過容易，實際上是在摧毀他。每個人都必須對自己的生活負責，這個世上，沒有誰是誰的救世主。

具有「救世主情結」的人，總是覺得世界上某個人、某些人特別需要自己的幫助。這本來是一種善良的想法，但是問題在於，「救世主」放大了對方對自己的需求，彷彿對方沒有了自己的幫助就什麼都搞不定，甚至「包辦」了人家的生活。

這種「越俎代庖」式的行為，說實話是吃力不討好的工作。因為你管得太多，就容易造成別人對你的期待太高，所以你做不到的或者疏忽的地方，就會被認為是怠慢。坦白講，朋友那顆又敏感又脆弱的玻璃心，就是被我的「好」慣出來的。

任何事情都是過猶不及，善良也不例外。相信我們在幫助別人時都是出於好心，但是幫助不等於過度干預別人的生活，要讓他們學會為自己負責，這也是對生命本身的尊重。適時退出和適當拒絕，遠勝於過度善良和一味包攬。

務必遠離一種悲劇：「失敗者的憤怒」

有句古話叫「升米恩，斗米仇。」在飢寒交迫的危難時刻，你伸出援手，給了別人一碗飯，他會感恩戴德。可是如果你繼續給予更多幫助，讓他形成了依賴，感激之情就會變成理所當然。一旦你因為某些原因停止幫助，他就會心生怨懟和不滿。

這句話來源於一個故事。過去有兩戶人家是鄰居，一家家境貧窮，一家境富裕。當時靠天吃飯，有一年大旱，顆粒無收，富人家還能靠著存糧應付，窮人家就只能餓肚子。富人覺得大家多年相鄰而居，不能眼睜睜地看著窮鄰居餓死，於是送了一升米給窮人。

這一升米簡直是雪中送炭。窮人到富人家致謝，聊著聊著就聊到了來年的種子問題，富人又慷慨地送了窮人一斗米，讓他來年當種子。窮人拿著這斗米回家後，他的妻子說：「這斗米夠做什麼？根本就不夠我們明年播種。他那麼有錢，就應該多送我們一些糧食，才給了一斗，真是為富不仁！」這話傳到了富人的耳朵裡，他心裡很不是滋味，從此兩家成了仇人，老死不相往來。

當救急變成了一種依賴，事情的本質就起了變化。有些人甚至會覺得命運對他不公，你所擁有的一切他本來也可以擁有，現在反而要靠你的施捨才能獲得，以至於恩將仇報。因為善心助人而為自己招來災禍的事，簡直寫滿史書，「高雲被弒」就是一個例子。

北燕王高雲常常選拔、供養一些精壯的武士作為自己的心腹。有一次，他救了兩個吃不上飯的武士，又賜寶物又賜美酒，有時候還賞美女。兩個武士的吃穿用度，都跟高雲一樣。某天這兩個人突發奇想：憑什麼他是王我們是奴，天天見到他要鞠躬下跪？於是兩個人佩劍入宮，謊稱有事報告，把高雲刺死了。

英國作家薩克萊說：「如果一個人，身受大恩之後又和恩人反目的話，一定比不相干的陌生人更加惡毒。」高雲用他的生命再次證明：人的欲望是無限的，越是輕易地給予滿足，欲望便會膨脹得越快、越大。一味地滿足別人，就是災難的源頭。

沒有法律明文規定，人在發達了之後有替家鄉和鄉親做建設的義務，還是那句話：「別人幫你，那是情分；不幫你，那是本分。」然而有太多的人，把這個情分當成了別人應盡的本分。有作家說：「這是典型的『「失敗者的憤怒」』。

「失敗者的憤怒」是一個心理學概念，源於對自己失敗的境遇感受到的自卑與恐慌，但由於人總是能夠無條件地原諒自己，對自己的行為進行「合理化」解釋，因此這種對自身境遇的自卑與恐慌，在自我心理的調節下（或者你可以理解為扭曲下），從一開始就跳出了自我反省，而轉嫁到他人（幫助自己的人）身上。

「我給你一顆糖，你很高興；當你看到我給別人兩顆，你就對我有看法了。但你不知道別人也曾給我兩顆糖，而你什麼都沒給過我。」最近很紅的這句話也是一種典型的「失敗者的憤怒」。

作家進一步解釋說：「糖果數量的不公平使他在潛意識中有了自己處於『失敗的朋友關係』的擔憂與自卑，而本能引導他直接將問題轉移到送糖者身上，『是你做人有問題』。而如果不幸你一直無私地送他糖，那麼他更早已沒有當初接受第一顆糖時的溫暖與感動，所以一旦你送的少了或者停止贈送，他將不可逆轉地產生憤怒。」

如果用經濟學的概念來解釋，我認為「升米恩，斗米仇」是一種「感恩的邊際效應」。

那麼什麼是邊際效應（marginal utility）？避開那些枯燥的專業術語，通俗地解釋就是指我們接觸某事物的次數越多，情感體驗就會越淡漠。舉一個例子，我們肚子非常餓的時候，有人端來一盤包子，你吃第一個感覺超級好吃，可能吃到第三個還是覺得很很好吃，最後吃飽了，剩下幾個包子就會不想吃，甚至覺得不好吃。

「感恩的邊際效應」是指在受助者心中，對提供幫助者的感激之情會逐漸遞減，遞減到一定程度，受助者就會坦然接受幫助，接著便會提出更多的要求，並在心理上絲毫不覺得有不妥之處。

所以有些人你第一次幫他，他會心存感激；第二次幫助，他的感恩心理就會淡化；到了N次以後，他就會理直氣壯地認為這是你欠他的，理應該幫他；當你停止相助時，他就會對你心存怨恨。

要避免這種恩中招怨的情況，我們在幫助別人的時候，一定要有一個原則，那就是「救急不救窮，幫困不幫懶」。救急幫困，對方會感激你，而救窮幫懶，則會拖累自己。予其錢財不如幫人立志，幫忙不等於施捨，最好不要提供連續幫助，以免對方形成依賴心理，自身懈怠，不再努力。把一個人越幫越懶，這不是害了他嗎？

授人以魚不如授人以漁，幫一時是雪中送炭，幫一世則是結仇結怨！

第四章

你的付出重如泰山，他的回饋輕如鴻毛

這些年，我為善良交的那些智商稅

我的一個朋友小Q，有一個哥哥，從小到大，哥哥享有一切特權，他卻什麼都沒有。小時候，哥哥吃零食沒有他的份，哥哥罵了他，父母反而要他道歉。長大了，家裡有事，父母都會主動擋在哥哥身前，一句「你哥沒有錢」，出錢出力的總是他。哥哥欠他的錢，父母一句「別提了」，欠帳就像浮雲一樣消失了。為此，妻子與他離婚，扔下一歲的兒子走了。

哥哥天天吃喝玩樂，伸手要錢，他稍有微詞，母親就說「你上了大學，你哥國中畢業就外出打工，活得太累了……」直到有一天，他一歲的兒子在奶奶家才住了幾天，他哥哥就很不滿地指著這個蹣跚學步的孩子說：「在我女兒大考之前，這個孩子不准住進來，太影響她讀書了。」小Q徹底生氣了：「你女兒從出生就住在奶奶家裡，由爺爺奶奶帶大，一直到現在。我兒子才住兩天就不行了？」

母親非但沒有為他主持公道，反而教訓他：「你就不能少說一句，小孩子吵吵鬧鬧的，的確會影響讀書啊……」小Q不再說話，抱起兒子就走了，從此再未上門。

我問小Q：「如果你父親再跟你講大道理，讓你以親情為重，回家跟哥哥道歉呢？」他說：「這份親情太貴，我擔待不起。我也要養孩子，得為我的兒子著想。」

我瞬間明白了：做兒子的心，能忍；那顆做父親的心，忍不了！

這樣的家庭，只有「一家人」的外殼，卻沒有「一家人」的核心。這樣的家人，真的是不配談感情。

小Q以一種決絕的方式選擇了反抗，我沒有問他為什麼不用溫和一點的手段解決，比如好好談一談。指望占盡你便宜的人、沒有廉恥之心的人可以幡然醒悟？請不要再侮辱自己的智商了。

如果一個人缺乏是非的觀念，價值觀是歪的，那麼他對生活的理解、對這個世界的認知，從本質上來說都是錯誤的，你還指望他能認同生活中正常的邏輯和道理嗎？你稍一妥協，他就會踩著你的頭往上爬。對這樣的人善良，只會害人害己。

所有的情緒勒索，都是性騷擾

曾經看過一篇文章，作者寫道：由於父母感情不好，經常吵架，媽媽總是幽怨地對她說「都怪你，如果不是你，我早就和你爸離婚了，肯定比現在幸福」、「如果不是怕你沒媽媽，我早就喝農藥了」……類似這樣的話就成了一道枷鎖，即使她在外面呼風喚雨，回到家裡，只要媽媽這麼一說，她心裡那種「愧疚感」就好像一雙貓爪子在不停地抓啊抓——「你再努力、再成功，也抵不上你是你媽媽的原罪」。媽媽一埋怨一流淚，她就趕緊跑去道歉、安撫，並保證以後不惹媽媽傷心了。

在她心裡，始終認為媽媽真的很委屈，為她吃了太多苦，不能忤逆媽媽。所以她不僅要負責媽媽生活上的吃喝拉撒，還要負責媽媽情緒上的喜怒哀樂。如果哪句話沒注意，觸及了媽媽那根最敏感的神經，媽媽就會長嘆一口氣，眼淚撲簌簌地掉，或者躺在床上嘔氣，不說話、不吃飯。有時候她真覺得心好累啊。

這就是一種典型的情緒勒索。這種以「我生養了你，你必須報答我」來進行情緒勒索的行為，令人不寒而慄。也許有的人認為，父母給了孩子生命就是最大的恩情，值得孩子拿一生來回報。可是，把一個生命帶到世界上，是父母自己的選擇，又有誰徵求過孩子的意見呢？

胡適在〈我答汪先生的信〉中有一段「父母於子無恩」的話——「我想這個孩子並不曾自由主張要生在我家，我們做父母的不曾徵得他的同意，就糊里糊塗地給了他一條生命。他既無意求生，我們生了他，我們對他只有抱歉，更不能是恩了。至於我的兒子將來怎樣待我，那是他自己的事，我絕不期望他報答我的恩，因為我已宣言無恩於他」。

這是一種很高的境界，就像一位德國女詩人所說的：「我愛你，與你無關，它只屬於我的心。」對於孩子，我們也莫過於此。我們深愛自己的孩子，全心全意地付出，我們心甘情願、甘之如飴。但是這份付出與孩子無關，無須索取孩子的回報，更不能以養育兒女辛苦，做出犧牲為由，對孩子情緒勒索。

在生活中，情緒勒索分為好幾種類型，並不是所有的情緒勒索都表現得很明顯，有些則非常隱蔽，常常體現為「自我懲罰」或者扮演「受害者」，讓身邊人覺得「如果你不按照我的意思去做，我就要懲罰自己」或者「如果你不滿足我的要求，那麼我受傷了，這是你引起的」。

關於情緒勒索的故事，真是五花八門，每個深受其害的人都有一部血淚史。情緒勒索就像一副沉重的枷鎖，有時候會讓人覺得生不如死。情緒勒索這事，一個巴掌拍不響。被綁架的人的配合，也縱容了情緒勒索者！所以下次我們再遇到情緒勒索時，要學著「冷血」，哪怕對方是你的親生父母、兄弟手足——除非你願意被綁架一生，將自己的自由和幸福當作祭品，親手奉獻給綁架、敲詐你的人。

擅長情緒勒索的人總是試圖抹黑、醜化他人，把自己拔高，占據道德的制高點，以居高臨下的姿態對他人進行勒索敲詐。他們總是暗示自己是對的，而被綁架的人是錯的、無知的。如果達不到自己的目的，他們還會和其他情緒勒索者聯手進行敲詐。這些都反映了情緒勒索者內心的貧乏和依賴性，反映了他們病態的心理缺陷。

所以我們在遭遇情緒勒索時，最重要的就是要保持理性和冷靜，無論對方煽情也好，威脅也罷，都不接招，置身於情感的漩渦之外，才能洞悉問題的實質。

過度付出，小心「扎心」

我的一個同學，十幾歲時母親就生病去世了，當時她的一對雙胞胎弟弟才八歲。父親常年在外地工作，難以顧家，她就像媽媽一樣照顧兩個弟弟。上大學以後，她還為兩個弟弟轉學到了大學附近的學校，以便照顧他們的生活、輔導他們的功課。

每個假期，她都要到商場或超市打工，賺錢讓兩個弟弟生活得更好些。雖然她自己省吃儉用，但對兩個弟弟卻絕不馬虎，常常是買一雙鞋子就要好幾千。

朋友們都勸她不要太過於苛求自己，家庭出現了變故，大家應該齊心協力一起度過難關，而不是一個人撐起整片天，這樣太累，也不利於培養弟弟們的獨立性。她卻說弟弟們正值叛逆期，如果零用錢不夠，萬一去偷去搶，豈不是一失足成千古恨？

可是怕什麼來什麼，雖然她盡力滿足弟弟們的物質要求，兩個孩子仍狀況百出，今天因為打架被學校退學了，明天因為滋事被警察帶走了……她就像個消防員一樣，整天到處滅火，焦頭爛額。

弟弟們犯了錯，她也不敢太過嚴厲地教育，怕造成心理陰影。朋友們都不明白，孩子的心理哪有這麼脆弱？禁不住一點拒絕，受不了一點斥責，教育幾句性格就會變得乖戾？如此「玻璃心」，將來到社會上怎麼與人相處？

被她小心翼翼呵護長大的兩個弟弟，成年以後，幾乎每份工作都過不了試用期。主管說兩句就擺爛，有時候辛苦了一個月，離發薪水的日子只剩兩天，寧可不領薪水也不去上班了，理由就是「不爽」。如此瀟灑地放飛自我，生活費自然是朝姐姐要了。

更令人寒心的是，現在弟弟們除了沒錢花的時候找她，平時都見不到影兒。她每次想問問他們的情況，總被一句話回嗆：「管那麼多，你以為你是誰？」這一瞬間，她真的感覺「扎心」了。是的，你以為你是誰？你只是個姐姐，不是上帝。

有一部電影叫《王牌天神》（*Bruce Almighty*），主角布魯斯是一個牢騷滿腹的傢伙，很愛發脾氣，而且沒完沒了，總是抱怨上帝對自己不公平。上帝實在受不了他，決定賜予他一天神奇的力量——當一天「代理上帝」，管理這個世界。

布魯斯這才發現，原來上帝也很忙，每天要認真處理所有人的禱告，選擇哪些人能夠得到幫助，哪些人不能。為了圖省事，布魯斯選擇了一鍵式回覆所有的禱告郵件，對所有人的要求都說了「好」。結果一切都亂了：有的人能夠不勞而獲；有的人狂吃甜食而不胖；四萬人中頭獎，但每個人只能分到十幾美分……不可能發生的事情都發生了，整個城市陷入了瘋狂和混亂之中。

這說明什麼？即使是上帝，也不可能對任何人都說「好」。上帝能給每個人的都有限，何況你我凡夫俗子，又能幫別人多少呢？

在人際關係中，為什麼過度的幫助往往起不到好效果呢？因為幫得太多，可能會讓別人產生一種心理壓力，從而想要逃避這段關係，影響雙方的交往。

有一天，富翁家裡來了一個乞丐，他驚訝地發現這個乞丐正是當年幫助過自己的恩人。於是他讓乞丐沐浴更衣，用豐盛的飯食款待他，還安排了一個僕人專門服侍他，並決定與恩人共享榮華富貴。

剛開始的幾天乞丐很快樂，但不久後乞丐突然不辭而別了。富翁非常著急，到處尋找，費盡千辛萬苦找到之後，富翁又把乞丐帶回了自己家。可是讓富翁萬萬沒有想到的是，幾天後乞丐自殺了。

富翁非常難過，請來一個和尚為乞丐做法事超度亡靈。和尚對富翁說：「是你害死了乞丐啊！一開始乞丐心安理得地接受著你的盛情，但是時間久了，他就覺得欠下了難以回報的人情，於是就想逃避，選擇了出走。可是你又把他找了回來，結果他只能以死來化解心中的不安。」

可見過度付出與過度獲得，這兩種心理都是影響人際關係和諧發展的因素。對於付出方來說，過度付出是一條充滿荊棘的不歸路；對於獲得方來說，它也是一種無形的壓力。你過度的付出不只是感動了自己，還有可能會委屈他人。

心理學家說過度付出是人際關係中的一大殺手。在一段關係中，兩個人的地位應該是平等的，當其中一方選擇過度付出之後，也就逐漸失去了基本的尊嚴和人格，這段關係遲早會出現問題。

通常一方的自私往往來自另一方的過度付出。很多人想當然地認為，只有自己付出更多，才能讓別人更愛自己。事實恰恰相反，那些在付出的同時也懂得索取的人，反而更容易獲得圓滿的人際關係。

為什麼我那麼善良，人緣卻不好

我的一個鄰居叫夏梅，四十多歲，長得胖胖的，不上班，閒暇時間很多，整天在社區閒晃，並且愛管閒事。誰家的房子要出租，跟她說一聲，絕對能租出去；誰家的電器壞了，水電工要上門，把鑰匙交給她，就可以放心去上班了，回來後電器就修好了。

這樣一個熱心腸的人，按理說應該特別受大家歡迎，但是我發現她的人緣並不好。夏梅總是想要幫鄰居們做這做那，但大家好像都有點躲她。

我跟夏梅熟稔起來，也完全是由於她的主動。剛搬來住不久，有一次我們在社區門口遇到，她很熱情地上前打招呼，出於禮貌我也給予了熱情的回應。就這樣我們一邊聊一邊往家走。到了我家門口，我剛想開口說「再見」，她搶先一步說剛才幫人搬東西，把手弄髒，能否到我家洗個手。於是我就開門讓她一起進來了。她洗完手並沒著急走，而是把每間房間都參觀了一遍，又到梳妝檯前看我用的是什麼化妝品。臨走的時候，她問我洗手的香皂在哪買的，很香。那是一塊手工皂，一個朋友自己做的，正好我還有一塊未用，就送給了她。

第二天一大早，我還沒起床，就聽到有人敲門。我迷迷糊糊地打開門，看到夏梅拎著一袋小籠包和一袋豆漿站在門口。她說為了表示感謝，特意幫我買了早餐。我說自己昨晚加班到很晚，只想睡個夠，不想吃早點。誰知夏梅不請自進，嘴裡一邊嘰哩呱啦地說著不吃早餐的各種壞處，一邊自顧自地進廚房拿了碗和盤子，把豆漿倒入碗中，把包子擺在盤子裡，放到餐桌上，監督著我呵欠連連地吃完。

從那天起，我的噩夢就開始了。夏梅時不時就到我家來串門子，還特別喜歡對任何事都指手畫腳。有時候她來時正碰上我煮飯，油熱了，菜剛一下鍋，她在旁邊大驚小怪地「哎」一聲，嚇了我一跳，問「怎麼了」，她就說「你怎麼不放蔥花，要先放蔥花爆香，再放菜，不然炒出來的菜沒味道。」；如果碰到我洗碗，剛倒上洗碗精，她「哎」一聲，嚇得我差點把碗掉地下，她就說「你要把洗潔精倒在菜瓜布上，這樣節約，像你這種洗一個碗倒一點洗碗精，洗一個碗倒一點洗碗精，太浪費了。」……

夏梅不但動口還動手。有時候她還會親自動手做示範，發誓要把我做家務的壞習慣都矯正過來。特別無奈的時候，我對她說：「你簡直是個家政女皇，適合當將軍。」言外之意是，她太愛干涉和指揮別人了。她聽了反而特別高興：「我老公也是這樣說的，我什麼都搞得定。要是沒有我呀，他簡直都不知道該怎麼活。」

其實，喜歡介入別人的生活、指手畫腳指揮別人的人，在潛意識裡對別人有一種控制的欲望。控制欲是人類天性中的一種原始本能，我們每個人都多多少少地想要控制住一些人或物。

如果你不幸遇到這樣一個人，沒有辦法化解她的控制欲時，還是敬而遠之吧。就像我差點在門上貼上「鄰居與狗，不得入內」。再不濟的話，就自動關閉你與她的連結系統吧。她說她的，你做你的。

喜歡指揮別人，無非是覺得自己很強大。當她發現你根本不接收她的指令，不受她的控制時，這種指揮也就沒有意義了，慢慢地，她就會覺得索然無味而選擇放棄了。

為什麼會有人不嫌累地想要控制別人呢？因為他們從不覺得自己是控制狂，單方面認為自己是個樂於助人的大好人，而且他們總覺得好多事情除了他們之外，一定沒有人能搞定。如果他們的「好心」被身邊人拒絕，他們有時候還會忍不住大發雷霆，上演一出「好心被當成驢肝肺」的戲碼。

為什麼控制狂都喜歡挑人毛病？因為他們覺得，幫助人們改正缺點很有成就感。他們想當然地認為，他們的指教都是善意的，有建設性的，你不聽是你的損失。他們最愛強迫別人跟隨他們的意志做事，完全把自己的快樂建立在別人的反感上。事實上，控制欲過強最直接的後果就是破壞人際關係，會讓控制者和被控制者越來越疏離。

通常，一些控制欲比較強的人內心都有較強的不安全感，控制欲強是其內心恐懼的一種表現。事實上，控制者並不都是強大的，反而是心理上的弱者。他們的很多控制行為都是無意識的，是為了撫慰自己內心的孤獨與不安。也就是說，控制別人是控制者的一種內心需求。

心理學專家愛蓮娜·羅斯福（Anna Eleanor Roosevelt）解釋道：「人們總認為別人不認可自己的想法是有原因的，最重要的一點就是，現代社會的競爭壓力太大，導致人們的精神狀態過於緊繃，必須透過得到別人的認可從而獲得心靈上的一種放鬆和滿足，不允許出現任何分歧。這些分歧包括各個方面，宗教、政治、科學、哲學、情感等。追根究底，這種旺盛的控制欲是自卑的表現。我們總是擔心別人小看自己，其實別人小看自己的可能性只有一個，那就是自己首先看不起自己。」

一個控制欲很強的人，除非擺脫了內心的空虛感，獲得了很好的自我價值感，否則就不可能對別人放手，也難以讓自己解脫。我們可以對他人有期待，但不要處心積慮地控制他人。一個人最大的安全感，來自能夠敞開心門，坦然接受事實，努力控制自己的情緒，戰勝在心理上脅迫自己的危機，勇於對自己的生命負責。

最高級的善良，是學會共情

在外人眼裡，徐璐的人生圓滿幸福，家裡有車有房，老公做生意能賺錢，孩子也聰明可愛。所以，徐璐要離婚的消息傳出來後，朋友們都感到不解。在大家的追問下，徐璐才吞吞吐吐地說，自己的老公不僅出軌，還家暴，她實在受不了了。

大家聽完很感慨，沒想到徐璐老公是這種人，看來誰的生活都不完美。但感慨後，大家又開始不約而同地勸徐璐：「為了孩子，忍忍吧！」、「可能他只是逢場作戲，只要心還在這個家，日子就能過下去……」

俗話說「寧拆十座廟，不拆一樁婚」，所以大家都覺得自己是一番好心。其實這種是非不分的善良更讓徐璐感到惱火。她對朋友傾訴，本來是想排解一下內心的鬱悶之情，沒想到大家都一股腦站在她老公那邊，沒人理解她，只知道盲目勸她退讓。跟朋友聊完以後，她心裡更煩了。

想想這幾年的婚姻生活，徐璐都忍不住偷偷掉眼淚：孩子半夜發燒了，她抱著孩子在馬路邊拚命伸手去攔經過的每一輛計程車；家裡水管壞了，滿地都是水，她自己聯繫水電工過來維修，把全部家具搬出搬進，花了一整天的時間；婆婆生病住院，她一大早先送孩子上學，再跑醫院照顧婆婆，下午還要馬不停蹄地趕回學校接孩子放學，累得骨頭都散架了，老公連一句安慰話都沒有……本以為是他工作太忙，沒想到他竟然用大把的時間去陪伴另一個女人。

「離婚容易，可是你忍心傷害孩子，讓他沒有一個完整的家嗎？」這句話最戳徐璐的心。她哭著問：「錯的人明明不是我，為什麼傷害孩子的人成了我？難道不原諒，也是一種錯嗎？」不管誰對誰錯，不管當事人的感受如何，似乎只有大團圓的結局才是大家喜聞樂見的。這種勸架的人，是「偽善良的勸架者」。不能說這類人的目的不好，他們也是為了大家的和氣，可這往往會使得本來占理的一方顯得「小肚雞腸」了，是非曲直也沒辦法確定，對事情的發展造成了更壞的影響。所以說，這種低智商的善良並非真正的善良。

真正的善良，是能夠設身處地、將心比心地去理解他人的處境，真誠地提出建設性的意見，也就是擁有一顆「同理心」。

同理心（Empathy）是人本主義大師卡爾·羅傑斯（Carl Ransom Rogers）提出的一個心理

學概念，亦譯為「移情」、「共感」、「共情」，是指在人際交往過程中，能夠體會他人的情緒和想法、理解他人的立場和感受並站在他人的角度思考和處理問題的能力。

只有能夠與別人共情的人，才能很好地掌握善良的尺度，用最恰當的方式與人為善。有質感的善良，一定要學會共情。共情的關鍵就是，承認對方喜怒哀樂的合理性，承認別人的情感都有存在的意義。

朋友難過的時候，我們都真心希望他盡快從難受的狀態中解脫出來。可是，當朋友的情緒需要宣洩時，沒有原則的、不入心的開導，等於是把你的意見強加給他，反而會把他的情緒更憋屈了。每個人都希望自己脆弱無助時，能有一個人不評判地陪在自己身邊。比起盲目的鼓勵和泛泛的勸慰，我們更需要身邊的人來認可我們的情緒，承認我們的處境，關注我們內心的苦痛。

最高級別的安慰，就是理解別人的痛苦。安慰一個哭泣的人，最好的方式不是說「不要哭」，而是說「你一定很難過吧，想哭就哭吧」，這就是一種共情。

共情並不等於同情，同情傳達的是「我理解當……時，你會很難過」，而共情傳達的是「我透過你目前的感受而理解你」。如果我們能保持一個中立的立場，放下內心的評判，好好地陪伴他，不再給他任何壓力——包括很快好起來的壓力，就足以讓他感覺溫暖，從而找到力量了。

無論在人際交往中面臨什麼樣的問題，只要能夠做到換位思考，把自己放在對方的處境中想一想，將心比心地了解並重視他人的想法，就能更容易地找到解決方案。正如溝通大師吉拉德所說：「當你認為別人的感受和你自己的一樣重要時，氣氛才會融洽。」

你低到塵埃裡去了，可誰會去愛塵埃裡的你呢

有一部韓劇叫《看了又看》（*See and See Again*），故事的主角是一對姐妹，金珠和銀珠。

金珠是姐姐，是家裡的第一個孩子。幾年後，媽媽在生妹妹銀珠時得了一場大病，身體虛弱，不得不把還是嬰兒的銀珠送到了鄉下奶奶家寄養。直到七歲，銀珠要上學了才被接回父母家裡。從小在媽媽身邊嬌生慣養的金珠跟媽媽很親近，而銀珠則跟媽媽有些生分。

由於從小得到充足的愛，姐姐金珠自信大方，活潑開朗，又因為長得美，有才華，喜愛寫作，成了家裡的小公主。而妹妹銀珠在家裡總是有點兒拘謹，身邊有一個這麼漂亮、人人寵愛的姐姐，她只好成為那個最能幹、最乖巧懂事的孩子。為了減輕家裡的負擔，她唸了學費不多的護士學校；為了支持姐姐學習，她把家事都包了。

無巧不成書，成年後的金珠和銀珠嫁給了同一家的兩兄弟。妹妹銀珠嫁給了哥哥，成了大嫂；姐姐金珠嫁給了弟弟，當了弟妹。

結婚之前，金珠就明確跟婆家發表了婚前宣告：結婚後我不會出去工作，要在家讀書寫作；沒有時間做家務，還必須晚睡晚起，不能起來做早飯，所以，不能與長輩同住。最後在婆家的強烈要求下，金珠才勉強答應和長輩一起住一年。

妹妹銀珠跟姐姐截然相反，她從一開始就下定了要討好婆家的決心。在臨近婚期的那段日子裡，她沒有心情好好享受最後的單身時光，頻頻取消和未婚夫的約會，每天下班後跑到料理店學習做婆家的家鄉菜。結婚後，她主動包攬了所有家務，細心照顧一家老小。她擔心別人說她沒懷孕就辭職享福，所以堅持上班，常常在工作和家庭之間忙得團團轉，累到想哭。

與此同時，姐姐金珠卻很少做家務，也很少參與家長裡短，整天把自己關在房間裡埋頭寫作。後來，姐姐出版了小說，獲得了文學大獎。看著一屋子手拿鮮花來祝賀姐姐的人，銀珠想起自己也曾有過學畫畫的夢想，心酸難抑，忍不住潸然淚下。

雖然這只是一部電視劇，但卻反映了很真實的生活。類似金珠和銀珠這樣的人，在現實生活中真的為數不少。

金珠目標明確，她生活中最重要的事情就是寫作，一切都要為這個目標服務。比如要保證寫作時間，要少做家務，不能早起等。至於別人會怎麼想、怎麼看，在她心中都是次要的。金珠聰明的地方在於，她從一開始就把自己的要求說得清清楚楚，讓對方去考慮能否接受。當婆家人接受了她不工作、不做家務、不早起做飯等條件後，她也退讓了一步，同意與長輩暫住一年。

因為金珠在婚前就把與婆媳關係的分寸拿捏好了，所以婚後她可以理直氣壯地不做家務、不早起，心理上也不會有愧疚感，人際關係方面也沒什麼困擾，她把主要精力都用在實現自己的夢想上。金珠的順從和讓步是在保留自我的前提下進行的，所以她心中沒有糾結，活得比較舒展。

銀珠卻恰恰相反，她做的所有事都好像是在「失去自我，成全別人」。為了替父母省錢，她放棄了自己學畫畫的夢想；為了支持姐姐寫作，她承包了所有家務；為了討好婆家不遺餘力，累得半死。如果一個人像銀珠這樣耗盡心力在他人身上，往往就很難實現自己的人生價值。

在自己的原則範圍之內尊重別人，不違逆別人，盡量讓別人舒適，這是一種修養。如果事事都把別人的需求放在第一位，隱匿自我，壓抑內心，甚至浪費才華，這種活法實際是在損耗自己的人生。

如果說彎腰是一種修養，屈膝則是一種卑微。總以卑微的姿態去迎合他人，生命就很難開出燦爛的自由之花。

莊子曾說過「順人而不失己」，這就是古人的智慧。莊子不只講「順人」，他更強調「不失己」。「不失己」即不失自己的個性，不討好，不喪失真正的自己。在莊子看來，「順人」和「不失己」這兩方面是有機結合的，「順人」固然重要，但需以「不失己」為前提。純粹地、盲目地「順」並非莊子本意。

問題是，如何在順人的同時保證不失去自我的本心呢？這就需要我們在複雜的人際交往中掌握好一個限度的問題，也就是界限。每個人最需要做的就是完善自我界限。當一個人的頭腦中建立起「界限」這個概念時，你會發現，原先的種種糾結，變得清楚簡單起來。

的確，我們都想讓自己所愛的人開心、讓自己的家人幸福，並且願意為他們做很多事，這當中有沒有界限的區別就在於，我們的付出是心甘情願還是迫不得已——我是感受到了付出的快樂，還是出於害怕某種後果？

最隱蔽也是最核心的層面，就是自我概念上的界限不清。人活著就一定會受到來自他人的各種評價，肯定是有好也有壞。有些人就特別需要他人的好評，特別希望自己能讓他人滿意，甚至不惜犧牲自己的利益。為什麼對他們來說，別人的評價這麼重要呢？

最主要的原因就是，自我界限不清。自我界限是指在人際關係中，知道自己與其他人或物都是互相獨立存在的不同個體，更清楚自己和他人的責任和權力範圍，既保護自己的個人空間不受侵犯，也不侵犯他人的個人空間。這個界限會指導我們，如何跟人相處會讓自己和他人感覺更舒服，哪些是自己應該負責的，哪些是他人應該負責的。如此你才可以清楚何時可以對他人說「不」，並真正為自己負責。

第五章

有些善良會造成傷害

溺愛不是「過度的愛」，溺愛是「帶來傷害的愛」

法國教育家盧梭曾說：「你知道用什麼方法一定可以讓你的孩子成為不幸的人嗎？這個方法就是對他百依百順。」老家一個嬸嬸，突然中風住院了，親戚們得知後紛紛去探望。可她唯一的兒子只在住院當天露了一面，就再也沒見蹤影，連兩週後出院都是老倆口自己坐計程車回家的。親戚們覺得奇怪，一問才知兒子已經跟父母「決裂」了。他不但不上門探望父母，還把自己的女兒放在父母家裡，讓爺爺奶奶養著。老倆口都沒有退休金，僅靠之前的積蓄生活，還得養育孫女，日子過得十分艱難。

親戚們義憤填膺，紛紛指責這個不孝子，有的說讓老倆口把兒子找來談談，就算不贍養父母，起碼得把孩子帶回去自己養，別增添多餘的負擔給父母；有的說不贍養老人是違法的，實在不行就法律解決……對這些建議，嬸嬸都堅決反對，一聽說要把兒子送上法庭，更是把頭搖得像波浪鼓一般。「我既然生了他，就得一輩子保護他。只要孩子好，我怎麼樣都行。」親戚們聞言沉默，只能離開。

說起嬸嬸這個兒子，小時候聰明好學，深得長輩的喜愛。當時嬸嬸一家住在農村，為了讓兒子得到更好的教育，嬸嬸就把他送到了住在別縣市的爺爺奶奶家。嬸嬸覺得孩子小小年紀離家在外求學很可憐，所以對兒子的要求通常都是有求必應。要玩具，買！要新衣服，買！要吃雞肉，三更半夜開始殺雞！

後來兒子大學一畢業就說要創業，老倆口二話不說，就把錢放到了兒子手裡。自此以後，兒子就走上了沒完沒了的創業路，把父母的家底挖了個乾乾淨淨，最後連農村的房子都賣了。這樣也好，老倆口索性收拾收拾跟兒子住在一起，照顧兒子的生活。

轉眼兒子到了婚齡，結婚生子之後，帶孩子就成了老倆口責無旁貸的任務。除了辛辛苦苦地帶孫子，老倆口還得到處打短工賺錢，補貼兒子的日常開銷。

自從邁出校門，兒子無論做什麼事全以失敗收場，以至於無法餬口，一直靠啃老生活。但只要是兒子開口需要錢，老倆口都會絞盡腦汁想辦法湊，甚至向親戚朋友借。多年來，老倆口已經債臺高築，兒子卻拿著這些錢吃喝玩樂，美其名曰「享受生活」。

後來，兒子的爺爺奶奶去世，留下了一套房子給老倆口。變賣房產的錢剛到手，兒子就伸手索要。嬸嬸跟兒子商量，能不能留一部分錢讓他們養老和償還債務。沒想到兒子勃然大怒，以此為由再也不搭理父母了。嬸嬸老淚縱橫，沒想到滿足了兒子一輩子，「忤逆」了這麼一次，就落得這樣一個下場。

過度溺愛的結果就是，孩子既依賴又怨恨父母。嬸嬸一生以善良和無私自詡，她為兒子所做的一切確實很多人難以企及，但她從未反思過，為什麼自己嘔心瀝血，用一輩子心力和愛，卻養育出一個逆子。

教育專家馬卡連柯說：「一切都給孩子，犧牲一切，甚至犧牲自己的幸福，這是父母給孩子的最可怕的禮物。」

溺愛扼殺了孩子作為獨立個體的成長能力。孩子在成長期間所有應該透過自己的努力而達成的願望，都被父母輕易滿足了。但是父母的能力不可能跟得上孩子的成長。你永遠把他當成一個小孩，不讓他學會成長階段需要具備的本事，等他成年了，難免會處處遭遇失敗，到時他就會遷怒於父母。面對無法展開的人生，他只有轉而再向父母伸手索要，得不到便折磨父母。

社會新聞裡那些為吸毒毆打父母，為要不來錢而弒父殺母的例子，想來也都是這個道理。觀眾都指責那些做兒女的泯滅天良、忘恩負義，實際上種什麼因結什麼果，所有兒女的問題追根究底都是父母教育失敗造成的。

所謂成長就是一個人成為他自己的過程。無疑，愛是這一過程中最重要的因素。通常我們提供什麼樣的愛給孩子，孩子就會以適應這種愛的方式而成長。你提供給孩子的是溺愛，孩子就會以適應溺愛的方式長大。

溺愛孩子的父母，往往帶著一種自我犧牲的悲壯。就像我老家那位嬸嬸，每當有人勸她為自己的晚景打算，先照顧好自己，再照顧兒孫時，她總是鏗鏘有力地回答：「母雞下個蛋還知道保護，何況人呢？只要孩子好我就好。」她口聲聲把「保護」掛在嘴邊，似乎完全忘了她的兒子已經是一個三十多歲的成年人了。

這種看似是自我犧牲的愛，其實是愚昧的愛，是帶來傷害的愛。孩子兩歲之前，父母怎麼寵愛都不會錯。如果到了三歲，他們仍然溺愛無度，到了成年依然一成不變地以這種方式去愛孩子，終將會導致毀滅性的結果。

親情殺：誰說父母皆禍害

年過六旬的張阿姨最近心裡很不爽，為了女兒的事，她真是操碎了心。

女兒剛上中學就談戀愛，張阿姨苦口婆心地教育，給了一條鞭子再給三顆糖，恩威並施，費盡苦心，總算是把女兒從談戀愛的泥沼中拉出來，順利考上了大學。大學畢業後，女兒鬧著要創業，與幾個同學一起弄啟蒙教育。整天跟話都不會說的小孩打交道，能有什麼大事業啊！她一哭二鬧三上吊地逼著女兒進了一所公立學校，當了老師。

才消停幾年，張阿姨又開始愁了，女兒小時候哭著鬧著要談戀愛，真到了二十七八歲該戀愛的年紀了，反而找不到對象了。她整天拿著女兒的照片去公園的徵婚牆上貼，還冒充女兒到交友軟體註冊，跟一些人聊天，初步篩選出她認為合適的候選人，再讓女兒去跟他們見面。可憐那些小男生，還以為電腦那邊是個美女，鬧了半天是美女她媽。

皇天不負苦心人，張阿姨終於挑出一個各方面條件都不錯，能配得上女兒的男孩子。

見面以後，女兒明確表示對這個人不來電，拒絕再交往。張阿姨不厭其煩地勸女兒，跟她講愛情的虛幻，講婚姻的真諦，全是人生經驗的精華，字字珠璣，恨不得能像武俠電影裡傳內力一樣，「啪」一聲一掌輸到女兒心裡，讓她少走彎路，一生順遂。

這一次女兒不買帳，畢竟結婚這件事對後半生的影響太大了。張阿姨拿出殺手鐧——裝病，這是百分之九十的老人都會用的，技術含量極低但百試百靈的招數。張阿姨的意思是，你要是聽話媽就能好，要是不聽話，媽的病就好不了了，這就是所謂的「你好媽就好，你不好媽就倒」。母女倆冷戰了好幾個月，女兒妥協了。

結婚三年，女兒幾乎就是在爭吵中度過的。家裡戰火連天，張阿姨又開始愁，她希望女兒能生個孩子，婚姻就穩定了。在吵吵鬧鬧中，小外孫皮皮出生了，張阿姨住到了女兒家裡，幫著帶孩子。突然有一天，張阿姨發現，家裡安靜了，女兒女婿不吵了，兩個人客客氣氣，相敬如賓，甚至都不在一個房間睡了。

張阿姨非常擔憂，找女兒談話，覺得她的生活狀態不正常。女兒淡淡地說：「正常不正常有什麼重要呢，重要的是皮皮有爸爸媽媽，您也不用為我的事再操心。」

女兒的脾氣一天比一天壞，對待孩子也很嚴厲。上幼稚園的皮皮要報補習班，他自己選了機器人班和武術班，女兒偏要讓他報演講班和繪畫班。皮皮反抗，哭了一下午，張阿姨心疼得不得了，護著外孫子跟女兒吵。結果，女兒比她還激動，歇斯底里地喊著：「他懂什麼，他懂得什麼是生活，什麼是人生嗎？懂的時候就晚了，我不許他胡鬧」……

就是報一個補習班的事情，至於這麼誇張嗎？張阿姨突然有點恍惚了，這些話聽著有些耳熟，這一幕似曾相識，女兒像極了多年前的自己。

當父母流著淚對孩子說「我省吃儉用都是為了你，你卻這麼不聽話」時，他們大概沒有意識到對方感受到的也許不是愛意，而是一種控制。當父母們以愛的名義，以無微不至的「關愛」慢慢地把孩子控制成與自己「一體」時，殊不知被愛的那個人卻有說不出的滋味。這種看起來「我都是為你好」的模式，實則是當事人本人都沒有意識到的自己想以「我都是為你好，你怎麼能不聽我的話」來讓對方產生愧疚，進而達到控制的目的，這是一種情感上的勒索和綁架。

我曾在社群軟體上看到過這樣一句話：「我喜歡香蕉，可是你給了我一車蘋果，然後你說你被自己感動了，問我為什麼不感動。我無言以對，然後你告訴全世界，你花光了所有的錢給我買了一車蘋果，可是我卻沒有一點點感動，我一定是個鐵石心腸的人！我的人品確定是有問題的！可我就是喜歡香蕉啊……」

也許有人會反駁，我做的確實都是為他好的事啊！這時候，你要問一問自己，這些愛的行為真的是對方想要的嗎？如果對方不想要，而你一味強加給他，又是為了什麼呢？當對方沒有做出你期望的反應時，你心裡是什麼感受呢？回答完這些問題，相信我們已經能依稀看出「愛」與「控制」的模樣是不同的——控制者是緊張的，內心有愛的人是放鬆的。

我們在自我實現的成長之路上，遭遇到的第一個阻撓，往往來自最親的父母。父母最容易扛著「愛」的大旗，將自己的意志強加給孩子。世界上有一種冷叫做「媽媽覺得你冷」，有一種愛叫做「我這是為你好」……有些父母特別喜歡打著「為你好」的名義，干涉子女的生活，以愛之名，行傷害之實。

父母們之所以會這樣做，常常是因為他們抱有這樣一種觀點——孩子是一張白紙，我們怎麼塑造怎麼教育，孩子就會成長為什麼樣子。所以，他們要抓緊時間，把孩子塑造成他們想要的那個樣子。

的確，每個人剛出生時就是一張白紙，沒有自己的核心，父母是最早接觸的人，也是陪伴時間最長的人，所以他們就成了我們人生的第一位老師。他們以他們特有的方式和我們交流，慢慢地這種方式會影響我們。某種程度上來說，我們與他人交往的時候，就是在複製他們與我們的交流方式。

世界上的事情就是這樣，你喜歡誰，你會像誰；你恨誰，你也會像誰。不管你願不願意，長大後你可能就成了他們，而且根本就不會意識到這一點。所以如果你對父母不耐煩，那你可能是從他們身上學來的；你對孩子的教育方式，也可能是從他們那裡複製的。

很多人到了三四十歲，還不能與父母好好地相處。你有沒有發現，自己與父母年輕的時候一樣，不顧及對方的感受。如果能覺察到這一點，你需要想想，自己該怎樣來改變這種讓你和父母都受傷的親情模式。親情模式並非遺傳，而是學習，你完全有力量改變它，選擇一種自己喜歡的方式與父母交往。在學習的過程中，你也學會了如何善待親人，善待自己。

經過無數妥協，終於活成盜版的自己

我的摯友芳鄰，結婚五年，在「頂客」與「白丁」之間掙扎了五年。並非是她自己內心糾結，而是來自周圍的壓力。首先是父母公婆，整天唸叨她沒有責任感，對不起家庭對不起社會；其次是身邊的姐妹，陸續更新當媽後，都現身說法跟她講有個孩子是一件多麼幸福的事。似乎大多數人內心都有這樣一種想法：有件事我做了很好，所以你也要做。如果大多數人都做了，只有你不做，就說明你這個人是異類，很有問題。

逢年過節，芳鄰夫妻倆收到最多的禮物就是各種補品，滋陰的、壯陽的、補腎的。芳鄰看著那一堆花花綠綠的包裝盒哭笑不得，這堆東西的潛臺詞就是：如今不是你們想不想生，而是能不能生。

關於不生孩子的事情，芳鄰與老公在結婚前就商量好了，先享受幾年甜蜜的二人世界。結婚後，先是芳鄰的母親健康狀況不佳，一年有大半年要住院，開銷甚大。公婆又沒有養老金，要靠他們夫妻按時給生活費。再加上他們買房買車，背上了房貸車貸。此時，如果有一個人退下來全職帶小孩，家裡必定要出現經濟危機。要孩子這事就這麼被暫時耽擱了。

終於有一天，芳鄰懷孕了。

有時候我早上出門，看見大腹便便的芳鄰已經不能自己開車了，挺著七個月的大肚子在馬路邊叫車，頂著兩個黑眼圈，滿臉是斑。偶爾她會對我訴苦，說妊娠反應嚴重的時候，吐得昏天暗地，但仍然要在凌晨四點爬起來去醫院幫母親排隊掛號。

「你老公呢？」我同情地問。「他要上班呀，我懷孕已經辭職了，他再把工作弄丟，一家人就只能喝西北風了。」芳鄰很無奈地回答。

後來孩子出生是個兒子，皆大歡喜。偶爾我在社區裡看見她，推著嬰兒車哄孩子。我過去打招呼，她說自從懷孕後就一直沒上班，「都是被他拖累的。」芳鄰一邊說一邊用手指點了點孩子的小腦袋瓜。

再後來，芳鄰搬家了。她把大房子賣掉換一套郊區的兩房一廳。我與她聯絡就很少了，祝她一切順利吧。

「每個人出生時都是原創，悲哀的是，很多人漸漸活成了盜版。」這句話之所以在網路上一出現就被網友瘋狂轉傳，很可能就是因為它擊中了每個人內心深處的遺憾。每個人都擁有做自己的強烈渴望，一個人幸福和快樂的根源，就在於他能不能堅持做自己。

我們每個人在成長過程中都會受到來自家庭、學校、社會的一些規定的制約，都要接受他人的目光和評價。但是，這些規定和評價有時與我們內心真正的希望相悖。迫於壓力，很多人漸漸地活成了盜版的自己，內心深處無比彆扭，生活似乎成了一場心有不甘卻又格外賣力的表演。

有一個朋友對我說，她最理想的工作是當一個圖書館管理員或者樂評人，實際上她是一個公務員。她不喜歡現在的生活，不喜歡沒完沒了的接待和應酬，不喜歡寫報告，不喜歡開會，不喜歡發言……後來竟發展到一聽說要發言就手心出汗，全身痠痛，徹夜失眠，頭痛欲裂。這些都是典型的焦慮症的症狀。

在她一次又一次地跟我吐槽之後，我問她：「既然這份工作讓你這麼痛苦，從來沒有想過辭職嗎？」然後她說起父母的期待、別人的眼光、生活的壓力，以及她為這份工作付出的十四年時間。這一切加起來，是一個無限大的理由，堵住了她走向理想生活的去路。

有很多人活得足夠努力和認真，但是他們就是不開心。可見做自己生活的主人，不僅僅是需要努力、需要勤奮的，更加需要勇氣、需要自信。起碼你得做到不以別人的言行為指標。別人希望你做什麼，別人說你什麼，都是上下嘴唇一碰那麼容易，但做起來其中的辛勞、責任等都是需要自己實實在在地付出和承擔的。這麼一想，其中的得與失是不是值得我們好好想想呢？

不是每個人都能成就卓然，也不是每個人都喜歡恣意張揚，有的人就喜歡平凡恬淡地活著，不管選擇哪種生活方式，總要問問自己：什麼是我最渴望的生活？什麼是別人對我的要求？什麼是外界貼給我的標籤？

看清楚自己內心對自己的期待，接受自己、悅納自己，就能從糾葛的煩惱中豁然開朗，就好像太陽從濃密的雲層中探出頭來，找到真正的自己，擺脫別人的意志，按照自己的意願來生活。

瑞士心理學大師榮格說過：「如果我們自己也不活自己的生命，又該是誰去活呢？用自己的生命交換陌生的不單是愚蠢，而且是一場虛偽的遊戲。因為你永遠不能真正活出別的生命，你只能偽裝自己交換其他的生命。」也有人說：「我們曾如此期盼外界的認可，到最後才知道——世界是自己的，與他人毫無關係！」忠於自己，才是樂活之本。

每個人都只有一次機會，到世間走一趟，又何必以自己的生命來達成別人的願景呢？

所謂活出自己，不僅是外在形式的選擇，更是全然認識與接納內在真實的自己。當你建立起這種與內在自己的關係時，別人說什麼都會成為浮雲，你會開始欣賞那個獨一無二的自己，重新擁有「正版」的自我，幸福自然就會在內心深處開枝散葉、開花結果。

善良，原來有另一種方式

在一本雜誌上，我讀過一個故事。故事的主角是一個十二歲的小男孩，他家裡很窮，每年的聖誕節，當地的一家慈善機構都會來送一隻火雞給他家。

小男孩家平時的主食是馬鈴薯，很少能吃到肉，按理說吃一次火雞應該是很開心的事，可是小男孩每次都難過得吃不下去。為什麼呢?因為每次送火雞，都會來一大群記者，咔嚓咔嚓地拍一大堆照片。小男孩知道，這些照片明天就會刊登在當地的報紙上，小鎮的居民和他的同學、朋友都會看到。

雖然他家貧困是事實，但是他真的不想讓所有人都看到，他們全家為了一隻火雞，被要求在鏡頭前做出感恩戴德的表情。終於有一次，他說:「你們明年可不可以不要來送火雞了?」

很多人以「助人」的名義，做著傷人的事。對別人進行資助，要大張旗鼓地弄出一些捐贈儀式，讓受助者上臺說一些感恩的話；為患上絕症的女孩捐款，讓她們穿上婚紗，拍照發到網路上，沒完沒了地炒作、煽情。據說，有的女孩在拍完照後坐在地上大哭。患者在受病痛折磨的同時，還要配合這些無厘頭的儀式，只是為了替自己爭取活下去的機會。

人家已經很不幸了，你能幫就幫，不想幫就別幫。把別人的不幸當成噱頭來行銷，把善良當作一種投資，讓受助者覺得接受資助是一件很丟臉、很不舒服甚至很難過的事，這樣做真的很不善良。

善良的人，如果你的善良需要我用自尊來交換，那還是請收回吧。

做一件好事，喊得全世界都知道，動機值得懷疑。一個心靈美好的人，絕不會在眾人目光下刻意表演善良，也不會為了沽名釣譽惺惺作態。善良得不動聲色，才為真善。

一個小男孩在雨後的公園小路上發現了一隻蝸牛，他蹲下來用兩根手指捏起牠，輕輕放進了草叢裡。

「你在做什麼？」奶奶問。

男孩的小臉閃著興奮的光：「我在救蝸牛。牠在馬路中間爬多危險，我把牠送回家了。」

奶奶覺得可笑：「蝸牛知道你救了牠嗎？」

小男孩想想：「牠不一定知道。」

奶奶說：「那你這好事不是白做了。有誰會知道你救了只蝸牛呢？」

小男孩立刻說：「我自己知道就行了啊！我救了一隻蝸牛，我很開心！」

孩子天真無邪，卻達到了一種人生境界：我做好事，不是為了讓別人知道，甚至受到幫助的人都不必知道，我自己知道就夠了。只有真正偉大的靈魂，才能做到這一點。

善良，原來有另一種方式——無須張揚，不求回報，悄悄地表達，最好！這種善良，善「默」大焉。即使牠深埋進塵埃裡，也能綻放出絢爛的花海。

做了件好事，這使我感受到了自己存在的價值，也使我更確信自己是個善良的好人，這符合我對自己的期望，讓我更加認可自己，並為此感到快樂。這應該是我們行善的最大意義，也是最原始的初衷。

「讓別人知道我做了好事」固然有意義，但遠遠沒有「我知道自己做了好事」重要。因為我們活著，追根究底是活給自己看，不是給別人看。他人的讚美和報償的終極意義，也是讓我們從內心裡肯定自己。人最大的滿足，就是真心地認可自己。

低智商的善良像砒霜，有毒

春秋時期，晉國有一個叫趙簡子的大臣，權勢傾天，很多人都對他阿諛奉承。他喜歡在過年時放生斑鳩，就讓老百姓替他捉鳥，在大年初一這天送到他府上，供他放生。

老百姓一看，難得有這樣一個可以巴結趙簡子的機會，都爭先恐後地去捉斑鳩。大年初一上門進獻斑鳩的人絡繹不絕，趙簡子看了非常開心，都給予了豐厚的賞賜。

趙簡子的一個門客看到這種情形，問他為什麼要這樣做。趙簡子回答：「大年初一放生，表示我對生靈有仁慈之心，對萬物有良善之義嘛！」

門客卻說：「大人，您有仁慈之心，愛護生靈，確實值得敬佩。不過，您想過沒有，現在全國老百姓都知道您喜歡放生斑鳩，從而大力捉捕斑鳩，一定會有些斑鳩被打死、打傷啊。您如果真的想救斑鳩一命，不如下一道禁止捕捉的命令吧。把斑鳩捉來再放生，這種仁慈真的不能抵償大人對牠們人為造成的災禍呀！」

蘇格拉底說：「無知的人是沒有資格行善的。因為無知的善良只有善的外衣，卻缺少良的核心。」無知即無德，通往地獄的道路，往往是善意的石頭鋪成的。

從古至今，有太多因為愚善而帶給別人麻煩甚至厄運的例子。

西晉時，有個叫楊珧的大臣，他有兩個姪女，先後都當了皇后。小姪女做皇后時，楊珧就跑來找晉武帝，向晉武帝求一道聖旨：如果以後我姪女惹來滔天大禍，千萬別連累我，別追究我的責任，一切與我無關。

晉武帝覺得很可笑，但是楊珧一再堅持，說自己太了解兩個姪女了，她們常常視自己的愚蠢為善良，不辨是非，很容易惹禍。如今當了皇后，地位尊貴，一惹禍肯定是滔天大禍。楊珧糾纏不休，晉武帝只好寫了一道聖旨，藏於太廟中。

不久，皇宮裡就出了一件事。太子司馬衷讓一個宮女懷了孕，太子妃賈南風大怒，拿起一支方天戟刺死宮女，剖開肚子挑出胎兒。如此殘忍的暴行，嚇得後宮的宮女人人自危。晉武帝當即宣旨，要廢了太子妃賈南風，把她關起來。

這時楊珧的姪女楊皇后出來了，為賈南風求情。她說為了這點事就廢了太子妃，皇家的仁慈在哪裡？善良在哪裡？晉武帝還挺聽楊皇后的話，賈南風的太子妃位就保住了。

不久晉武帝死了，楊皇后晉升為太后，太子繼位，賈南風成為皇后。賈南風一當上皇后，就把她殘忍的本性暴露得淋漓盡致。她恩將仇報，將楊太后囚於金鏞城，不給她飯吃，活活餓死，並下令誅殺太后滿門。亂兵追殺楊珧時，楊珧大叫，說他有一份赦免的聖旨，藏在太廟。但哪有人會耐心跟他廢話，楊珧話還沒說完，就被一刀砍死了。

楊珧算是個有先見之明的人，但遇到不明是非的偽善，同樣難以保身。

像楊皇后這種人真的算是一個善良的人嗎？就算她善良，也是一種低智商的善良，就像砒霜一樣是有毒的。因為她幫的是壞人，害的是好人，充其量只能算是一個「假好人」。假好人的殺傷力，和真壞人有一拼。

生活裡的很多麻煩，都來自這些「假好人」們。因為他們都是「善良的人」，他們都是「道德的維護者」，他們堅守著他們世界觀裡的道德秩序，他們的邏輯一片混亂，糾纏於無數個表面的細節，看不到事物背後的本質，甚至愚蠢到從頭到尾都不覺得有什麼不對勁的地方。所以他們做了壞事之後又會一臉無辜且理直氣壯地說：「我怎麼知道會變成這樣，我本是一片好心……」

這種糊塗的善良，是有毒的善良。這種善良即便一時能幫助別人，也是飲鴆止渴。如同刀口上的蜜。你如果認識這種假的好人，還是早早地避而遠之。

第六章 善良需要武裝

別那麼懦弱，培養起你強大的氣場

有人曾說：「有勢沒有理，好比當眾滾爛泥；有理沒有勢，大家當你如空氣。」我覺得這句話非常耐人尋味，有勢沒理，完全是無理取鬧，像個跳梁小醜；有理沒勢，卻也容易被人忽視，正當的要求得不到滿足。可見，為人處世，僅僅是有「理」並不夠，還需要有「勢」。這裡的「勢」，我的理解是氣勢、氣場。

人的氣場看不見摸不到，但這種力量是巨大的，就像萬有引力一樣。我們每個人身上的氣場會直接影響自己在生活中的各種表現，以及人際關係的品質。

心理學家小金，在書中寫過這樣一件事。

早年她在巴黎讀書的時候，每天要走路去學校上課。路上會經過一家非常別緻的服裝店，每天看看櫥窗裡的漂亮衣服，是她一個小小的快樂。因為店裡的衣服很貴，所以她從來不敢進去過。有一天她發現櫥窗上貼出了打折的告示，終於鼓起勇氣走了進去。店中央擺了兩個堆滿衣服的推車，打折的衣服就堆在那裡，有許多法國女人已經在挑選、試穿了。小金怯怯地走過去，怯怯地看看吊牌上的價格，怯怯地拿起一條長褲，怯怯地詢問店員能否試穿。得到允許後她試穿了那條褲子，可惜並不合身。她又拿起另外一條，還是不合身，就在她伸手從推車裡準備拿第三條長褲時，旁邊的女店員竟擋住了她的手，冷冷地說：「你不可以再試穿了。」小金頓時覺得尷尬萬分。

為了挽回自尊，小金隨手拿起收銀臺邊掛著的一串項鍊，花一百二十法郎買下了它，逃出了那家服裝店。她哭了很久，覺得自己受到了莫大的羞辱，晚上躺在床上強迫自己找出問題的原因：為什麼別人可以一再試穿，而我卻不能？為什麼她敢用這種態度來對待我？

反覆回憶整個過程，小金終於想明白了，是她「允許」女店員這麼對待她的！因為她的態度、她的神情、她的舉止，都在告訴別人「你可以欺負我」。

這件事情之後，小金開始學習並慢慢地變得比較堅強，從疼痛中學會相信自己和肯定自己的重要性，也懂得了在平衡的人際關係中要先學會取悅自己再取悅別人。

我想，小金老師說的她「允許」別人欺負自己，就是指一個人的氣場大小。氣場是一種看不見摸不到，但是能感覺得到的一種心理狀態，能夠感染他人於無形。每個人身上都有屬於自己的獨特氣場。氣場強的人與別人接觸時，周圍人總能受到他的影響；氣場弱的人就很不幸，總會被人視為空氣。

摯友跟我說過一件事。她帶孩子在海灘上玩，海灘上有很多孩子，一個壞孩子突然將一桶沙子從頭到腳倒在了身邊的一個小男孩身上。小男孩的媽媽急忙拿出紙巾幫自己兒子擦臉。壞孩子的爸爸看見了，若無其事地走過來拉起自己兒子的手，很敷衍地扔下一句「對不起」，轉身就要離開。

小男孩的媽媽看到孩子的眼睛進了沙子，紅紅的，氣不過喊了一句：「對不起就算了？」沒想到，壞孩子的爸爸又折返回來，氣勢洶洶地嚷道：「對不起還不行，那你還想怎麼樣？想敲詐啊，告訴你找錯人了！」

小男孩嚇得大哭起來，媽媽也愣住了，摟著孩子一聲不吭。這時候小男孩的爸爸買飲料回來，看見這一幕，直接怒了。他拿起桶舀了滿滿一桶沙子，對著壞孩子的爸爸吼道：「我倒你一桶沙子再說聲『對不起』行不行？」壞孩子的爸爸也嚇了一跳，弱弱地反駁：「他還是個孩子。」

「他是個孩子，你也是個孩子？傷害了別人不知道好好道歉？」小男孩爸爸用手直戳著壞孩子爸爸的鼻子，全程都是用吼的。壞孩子的爸爸被小男孩的爸爸教育了好幾分鐘，蔫蔫地拉著兒子走了。

雖說有理不在聲高，那也分對誰。自始至終，小男孩的爸爸都沒有動手打人，但他表現出一種一觸即發的憤怒，生生地把壞孩子的爸爸震懾住了。海灘上其他家長看了都覺得很痛快，這種家長是得有人好好教育教育。

不欺負人是教養，不被人欺負是氣場。很多時候有理又有勢，你才能贏。人應該既要善良，也要鋒芒！善良加鋒芒，你哪一樣都不能丟！

氣場不是氣質。氣質是一個人內在涵養的流露，氣場雖與氣質有所關聯，但卻比氣質更為豐富立體，帶有很強的個性化因素。氣場是打開人際關係的一把鑰匙，那麼如何打造屬於自己的強大氣場呢？

一個人氣場的強大，得益於其內部的能量。除了基本的智商和精力以外，人的能量極少由先天帶來，更多是後天的日積月累。內心的力量被啟動、被激發的時候，氣場就洋溢出來了，就像打開瓶蓋的酒精，不讓它揮發都不行。

把自己培養得越優秀，氣場就越強，自我成長、自我成就的欲望也就越強，能夠駕馭的事物也就越多，這是一種相輔相成的良性循環。反過來說，越覺得自己不行，內心就越虛弱無力；內心越虛弱，就越沒有動力。時間長了，整個人就「頹喪」了，還談什麼氣場？

理查・費曼：你幹嘛在乎別人怎麼想

我的一個朋友在一家公司做行政工作。有一天主管讓她採購一批電腦，只要在預算範圍內，品牌型號可以徵求下大家的意見，自行決定。

本來這不是一件多難的任務，但卻讓朋友愁眉苦臉。她去調查「民意」的時候，大家眾說紛紜。男同事要求功能強大效能好，女同事則傾向於輕便有設計感，還有個別同事發來了自己偏愛的小眾品牌，也希望予以滿足。

無奈朋友只好去詢問主管的意見。主管簡單粗暴地回：「按大部分人的意見就好了，哪能個個滿足？」朋友心想要真是這麼容易就好了。有的是部門骨幹，有的跟我關係不錯，還有的本來就不好相處，若不滿足，他們肯定要碎碎念。

朋友的煩惱來自希望人人都滿意，既不想得罪關係不錯的同事，又覺得部門骨幹必須重視。可是，滿足每個人的期許，真的能實現嗎？

不管願意不願意，我們都必須面對這樣一種情況：有些事情只要做了，就一定有人會不滿意。或者說即便我們使盡渾身解數，也不可能打造出一個能使每個人都滿意的選項。坦然接受這一點，把該做的事情做好就可以了。

美籍猶太裔物理學家理查．費曼（Richard Feynman）曾說過：「我一向認為一個人要有『你幹嘛在乎別人怎麼想』的態度。我們要聽取別人的意見，加以考慮。但如果我們覺得他們的看法是錯的，那就沒什麼好瞻前顧後的。」

有一首民謠是這樣唱的：「做天難做四月天，蠶要溫和麥要寒，秧要日時麻要雨，採桑娘子盼陰天。」做天難，做人也難。恐怕從老天爺到平頭百姓，都難免有這樣一嘆吧！

人這一生要扮演多種角色：在家庭中我們先是兒子女兒，再是爸爸媽媽，接著是爺爺奶奶；在工作中先是普通職員，再到專案主管，然後是部門經理；進了教室是學生，站上講臺是老師……有些事情，無論我們怎麼用心處理，多麼八面玲瓏，也難以做到讓人人都滿意。

所以很多時候，做人比做事更重要！做人要有明確的原則，只有原則搞清楚了，與人交往起來才更有方向感，更清楚自己應該怎樣做！若別人欲與自己交往，則需弄清對方的意圖，了解對方的為人。在交際中要保持自己的原則和主見，別企圖討好所有人，那會讓你很累。

事實證明，越是在意別人的想法，越會對自己失去信心，使自己的缺點變成負擔。當然，我們必須要了解別人會怎麼想，那是人際互動、交流情誼的基本心理過程。但是，如果你太介意別人的想法，就會失去伸展自我的機會。這個心結將會成為壓抑情緒和破壞健康的元凶。想想現在的人走路都要快兩步，時間就是金錢，效率就是生命，哪容你為小肚雞腸之事想得太多。想多了也只能是為自己徒添無謂的傷感和痛苦，一肚子的苦水無處訴。

太在意別人怎麼想的人，心理壓力總是很大。每天面對著十目所視、十手所指的壓力，總覺得別人時時刻刻都在注意自己的缺點或過失。這會使得一個人失去主動的活力，更嚴重的是，還會在別人的逢迎誇獎中做出錯誤的決定，或者在別人的口誅筆伐中潰不成軍。

古時有一位著名的畫家。有一天他突發奇想，想畫出一幅人人看了都喜歡的畫。經過幾個月的辛苦創作，他把完成的畫作拿到市場上展示，並附上說明：親愛的朋友，如果你認為這幅畫哪裡有欠佳之筆，請賜教，在欠佳處做上標記。

傍晚，畫家取畫時發現，整個畫面密密麻麻地塗滿了各種記號。畫家心中十分不悅，深感失望。苦思冥想了一晚，畫家決定換一種方式。第二天，他又畫了一張一樣的畫，拿到市場上展出。但這一次他要求每位觀賞者在其最為欣賞的妙筆之處標上記號。結果是一切曾被指責為敗筆的地方，如今都換上了讚美的標記。

最後畫家不無感慨地說：「我終於知道了，在任何時候都要堅持自己，不要太在意別人的看法。因為有些人認為醜的東西，在另一些人的眼睛裡卻是美好的。誰都無法讓所有人滿意，重要的是要忠於自己。」

優秀的產品經理都有一個理念：沒有一種商品能滿足所有人，甚至很多時候都沒法同時滿足兩類目標使用者。所以必須做出選擇，哪怕這意味著要對一部分潛在使用者說「不」。能做好自己的產品，盯著自己的目標客戶就不錯了，別奢望通吃所有人。

人際關係也是這樣。不要試圖去滿足所有人，靠取悅他人獲得的人際關係是不穩定的。只有做好自己，才能吸引真正的朋友，而這種關係才能真正持久。

在交際場合上，總是對別人一味迎合，伏低做小的人，必然抱著某些明確的目的。這樣的人看起來是八面玲瓏，很懂交際技巧，實際上是犯了交際中的大忌！人與人之間的交往，有時候就像投資一樣，別人覺得你有價值，才會願意與你交往。如果你是個有價值、有魅力的人，好的友情和關係就會紛至沓來，並不需要你一味地去苦苦追隨別人。如果你把時間都用在討好別人上，而不用來修養個人魅力，提升個人價值，再怎麼折騰都像一場小丑表演，終將得不償失。

當「被善良」的時候，我們應該做些什麼

美蘭喬遷之喜，宴請親戚。在飯店，婆婆喜上眉梢，對幾位外地親戚說：「我兒子搬進大房子，歡迎大家都來玩，來幾個都住得下。」美蘭也笑了，順著婆婆的話說：「是啊，歡迎大家來玩，我家附近有家飯店環境好還不貴，我強烈推薦。」婆婆一聽覺得這話不對，不悅地看了美蘭一眼。美蘭假裝沒看見，依舊談笑風生。婆婆雖然不高興，但當著眾人，也不好發作。

其實美蘭說這話是有前因後果的，並非她不給婆婆面子，實在是被婆家的親戚「鬧」怕了。

美蘭的老公是鄉下人，憑著自己的才華和努力在城市扎下了根。兩個人是大學同學，在學校就開始談戀愛。當時美蘭的家境不錯，心疼男友拮据，經常接濟他。

兩人第一次去老公家之前，到商場挑選禮物。老公說老家的冬天很冷，想幫媽媽買一

床羽絨被。美蘭拿起一床被子看了看，價格不菲，回頭看了看老公。當時還是男友的老公正安靜地看著她，眼神中都是期待。美蘭咬咬牙，把被子放進購物筐。老公笑了，又說爸爸喜歡喝酒，美蘭狠狠心，又替準公公買了兩瓶好酒。

從此以後就算起了頭。逢年過節美蘭都要掏腰包幫婆婆家買很多東西。不過也沒白買，婆婆的眼睛笑得瞇成一道縫，逢人就誇自家兒媳婦心地好、孝順。時間長了，親戚們都知道她家娶了一個善良的兒媳婦。

花點錢倒也罷了，最讓美蘭頭痛的是，結婚後婆家的親戚三天兩頭在家裡出現：有來購物的，有來看病的，有來打工暫時落腳的，還有來度蜜月的……整天迎來送往，把美蘭夫妻倆正常的生活節奏都打亂了。

稍有怠慢，親戚們就頗有微詞，跑回去向婆婆告狀：送三嬸的禮物多，送我的禮物少；買給二叔的點心是大盒的，買給我的是小盒的……

告完狀，親戚們還要一再宣告，現在誰也不缺錢，不是要爭這點東西，是覺得你家孩子年紀輕輕不能這樣做人，當面一套背後一套，厚此薄彼，勢利眼。聽這話好像告狀是為了幫人家教育兒子。

時間長了，美蘭當年善良的美名蕩然無存。親戚們一告狀，婆婆就打電話跟兒子抱怨，兒子就回家埋怨她，夫妻就吵架。這種惡性循環一直維持到有一次美蘭不小心偷聽了老公和婆婆的通話。

那天婆婆打電話，美蘭剛接起來還沒說話，就聽見老公接了書房的分機。於是她沒作聲偷偷聽了下去。婆婆義憤填膺地埋怨兒子：「以你的條件，什麼樣的妻子找不到，非要她？白白瘦瘦的，一看身體就不好，連飯也不會煮。當初同意你娶她，不就圖她人誠實善良，哪知道現在變成這樣，真是日久見人心啊……」美蘭輕輕地壓下話筒，感覺心都涼了。只有我的善良才能配得上你的好？美蘭覺得該讓老公一家人醒醒了！她跟老公徹底攤牌，明確告訴他善良是一種美德，但不是一種義務，尤其是這種善良已經嚴重影響了自己的生活，還讓好心被當成驢肝肺的時候，她就要收回這種善良了。

美蘭是一個很睿智的女子，所以她才沒有在「被善良」的泥潭裡越陷越深。

一樣米養百樣人，這個世界上什麼樣的人都有，我們想對任何人都善良，但真的有很多人配不上我們的善良。你丟出一根善良的桿子，他們就理所當然地往上爬。你礙於情面對他客氣，他就得寸進尺，稍有怠慢就指責你不會做人。

遇到這種人怎麼辦？答案很簡單，八個字：保持距離，及時止損。受盡了你的照拂卻不知感恩，甚至反咬一口的人，在人際關係裡屬於「棄之如敝屣」的那種。對待這種人沒有萬全之計，不讓他滾遠一點，難道還要留著共度餘生嗎？

首先，要跟這樣的人保持距離，及時設限。界限這件事你不提前劃好，別人就敢得隴望蜀。

就像美蘭這樣，當婆婆自作主張邀請親戚住到家裡來的時候，她馬上表明自己的態度：來可以，但不能住在家裡，請住飯店。她的意思很明顯，外地的親戚來了，自己可以盡些地主之誼，但是不能像之前一樣到家裡，嚴重破壞自己的生活規律。

可能有人覺得，美蘭這樣做顯得不近人情，會遭人非議。但要知道生活是自己的，不是別人口中的，舒不舒服只有自己清楚。把自己的底線直接說出來，是解決問題最簡單有效的方法。

再者，不要耽於沉沒成本，及時止損好過一忍再忍。

任何事情上，人們在前期投入的成本越高，就越想去維持已經做出的決策。因為一旦推翻之前的決策，就意味著已經付出的金錢、時間、精力等各種成本都付之東流，成為無效的浪費。基於這種想法，很多人在人際交往中很容易陷入「已經忍了那麼多次，就再忍一次吧」的失誤。

要知道在一段舒適的人際關係中，雙方絕不會為難彼此。如果對方總是令你感到為難，需要你強忍各種不適來維繫這段關係，那麼早晚有一天你會忍無可忍。到那時候定會懊悔：還不如早點攤牌，白白難受那麼久！所以，如果一段人際關係困擾了你很久，那就少些糾結，少些權衡，果斷一點，狠心一點，「簡單粗暴」地處理，反而更容易解決。

這樣的你如果對方接受不了，覺得你不配與之交往，那我們就一拍兩散，一別兩寬不是也很好嗎？人生苦短，要多與自己喜歡的人在一起，既然彼此看著不順眼，幹嘛還非往一起湊？

世界如此複雜，如果我們僅僅憑善良，很難對抗這個並不完美的世界。與其痛並忍耐著，倒不如「狠」並善良著，讓對方明白，我對你的好是在你理解我、尊重我的前提下，反之，走好不送！

願善良的我們都能保護好自己，遵從自己的內心感受，自由快樂地行走在自己喜歡的路上。

公司有一個叫蓓蓓的實習生，剛與她認識，就感受到她對人有一種超乎尋常的熱情，把人照顧得密不透風，讓人喘不上氣。她會主動幫同事訂餐、買咖啡、收快遞，每次出差回來都會帶給同事們各種禮物。最讓人受不了的是，她總是把「謝謝你」掛在嘴上，哪怕明明是她幫助了你。

後來我知道了，這是低自尊的一種表現。低自尊是指對自己整個人有著總體負面的評價，在判斷和評價自己時低估自己作為一個人的價值的行為。低自尊的人不太願意檢驗他們對自己的推斷，並且不相信自我價值，對人際關係、社會交往過分敏感。

通常，心理學上把自尊定位為兩種：如果一個人對自己有一個比較正面的評價，認定自身能力和特長都還不錯，他的自尊就高；如果懷疑或者否定自己，自尊就低。高自尊的人比較自信，既能客觀評價自己，也能接納他人對自己的評價；低自尊的人，時常對自己進行負面評價，非常重視他人的評價，不能正確地從他人那裡獲得足夠的接納和欣賞。

當低自尊長期占據一個人的內心時，就會成為一種信念，逐漸攫取人的內在力量，讓人只能屈從討好，過著被限制的生活。「我希望被你喜歡」、「我希望得到你的肯定」，這就意味著在一段關係中，低自尊者主動將自己放在了較低的位置上，卑微地希望被另一個人垂青。

通常當一個人對自己極度缺乏自信時，才會尤其在意別人怎麼看待自己。以為自己低到塵埃裡，就能夠換來身邊人的關注和喜歡。可他們不知道，這個世界就是馬太效應（Matthew effect）——凡有的還要再給他，沒有的連他所有的都要搶過來。人們青睞的是那些自信滿滿的靈魂，沒有信心的謙卑就算鑽到泥土裡，別人也會想著再踩幾腳。

現在大家都在強調財富自由、精神自由，我認為還有一種自由對人際關係至關重要，直接關乎個人的生活品質，那就是人際自由。低自尊的人難以獲得人際自由，因為他們心中常有這兩個念頭：第一，我不應該令別人不開心；第二，我不能讓別人覺得我不好相處。

我們前面提到的《看了又看》裡面的妹妹銀珠，認定自己想成為一個完美的兒媳，就要照顧好每個人的情緒，滿足每個人的要求，讓所有人都說自己好。這些認知就像繩索，死死地綁住了她的手腳，使她失去了人際交往中的自由和彈性。

心理學家阿德勒（Alfred Adler）寫過一本書叫《被討厭的勇氣》，裡面有這樣一段話：「自由就是被別人討厭，是你被某人討厭。這是你行使自由以及活得自由的證據，也是你按照自我方針生活的表現……毫不在意別人的評價，不害怕被別人討厭，不追求被他人認可。如果不付出以上代價，那就無法貫徹自己的生活方式，也就是不能獲得自由。」

每個人都希望別人喜歡自己。通常當你做了一些順從別人意願的事情時，別人就會對你產生好感，你也會因此覺得身心愉悅，這是人的天性。可是，如果一個人太過執著於別人對自己的看法，就會讓別人影響自己的情緒，影響自己的選擇，影響自己的所作所為，這就是阿德勒所說的人際關係中的「不自由」。

人不僅有對別人說「不」的權利，也有對自己說「不」的權利。我可以不做不想做的事，我可以不那麼優秀……如果想依靠外部評價來提高自己的自尊，只會使自己陷入痛苦和糾結中。所以別再用別人的評價來判斷自己的存在價值了。

對於低自尊者，心理治療師給出一個建議：每天多說三句話，並且每句話都以「我」字開頭。比如「我感覺」、「我需要」或者「我希望」，多多表達自己的需求，坦誠說出自己的感受，試著讓別人理解並看見自己。

不，我拒收「好人卡」

小偉就職的公司有值夜班的制度，按照規定每值一個夜班可以休息一天，也可以累積多天假期一起休。小偉最近打算用累積的夜班假連休一週，帶父母去旅遊，提前一個月就跟主管請示，並得到了批准。

小偉第一時間通知父母，並買好機票訂好酒店。萬事俱備，一家人就等著小偉休假了。沒想到休假前一天，主管突然通知小偉，同部門的小玲今天提出要請假一週回老家辦事，一個部門不能兩個人一起休，會影響工作，讓他下個月再休假。

「小玲今天才說要請假，我一個月前就申請了，並且您也同意了。我也完成了自己的工作，全家人都準備好了啊。」小偉有點委屈。

「小玲的性格你也知道，脾氣急不好商量。你比較懂事，一向服從公司安排，這次我們以大局為重吧。」主管不以為然地說道。

小偉心裡憤憤不平，氣得想罵人，但依然沒有反抗的勇氣，悶悶不樂地退了機票和飯店。

這個世界上有一種卡，它的名字很好聽，可是誰都不想收，這種卡就是「好人卡」。

我們做好人是為了幫助別人，為了內心安寧，為了修養自己，為了讓世界變得更美好。但是做好人要有一個前提，那就是我願意。如果你內心不滿、不甘，也沒有選擇拒絕，那就不是好人。甚至有時候「好人」還是一個陷阱。他們一旦替你貼上好人的標籤，下一步可能就要思索著占你便宜了。「你那麼好，一定會幫我的，對吧」、「你那麼好，我就知道你不會拒絕我的」……就這樣，你被「好人」標籤綁架了，到最後即使內心很不想幫忙也拒絕不了。

你只好自我安慰：算了吧，誰都不容易，也不是多大的事，忍忍吧。所有這些自我排解，其實只不過是因為，你沒有自信和勇氣說出「我不想」。倒是那些渾身是刺，一碰就炸毛的人，永遠不會被忽視、不會被虧待，因為一不如意他們就會大吵大鬧，大家都怕麻煩，懶得惹他們。

人性有時候就是這麼讓人傷心。我們無法改變別人，更不可能去改變人性，只能去調整自己。

經歷過委屈和被利用，人都會得到成長，開始學會篩選身邊的朋友。那些總發給你「好人卡」的壞朋友，不但不能為你的成長提供任何滋養和支持，反而總是在無休無盡地消耗你。我們必須得學會拒絕不必要的自我消耗，你完全有權利說「不」。三毛曾說：「不要害怕拒絕他人，如果自己的理由出於正當。」

不要害怕被你拒絕的時候，別人會對你有意見或者心裡不舒服。他在開口之前，就應該預見到結果有兩種，答應或拒絕。如果這個人承受不了拒絕，那這段關係的繼續只會讓你的感覺更差，損失更大。只有找到雙方都能接受的界限，才能平等、和諧地相處。

愛對方最好的方式是：菩薩心腸，金剛手段

在網路上看到一個故事：

在一家旅館，有間房間的客人遭小偷。旅館老闆調閱監視器，發現小偷是個未成年的少年。證據確鑿，老闆問被偷東西的客人怎麼處置，是否要報警。客人沒有報警，他找到這個少年，給了對方響亮的一耳光，說道：「打你，是因為你偷了東西，必須要受到懲罰。不報警，是不想害你有前科，毀了你的前程。再有下一次，被我抓到一定會報警。」

旅館裡有一個服務生，跟身邊其他人嘀咕：「這個小孩真可憐，臉都被打紅了。這個客人也真是的，說幾句就行了，幹嘛下手這麼狠……」

對比之下我們會發現，客人是「善良」，服務生是「假裝善良」。

所謂「可憐之人必有可恨之處」，一個人會淪落到悽慘得讓人不禁生出惻隱之心的地步，必定是有原因的，而這個原因多半也是他自己造成的。善良的客人用一記耳光讓小偷

自食偷東西會帶來的惡果，以後也好長個記性不再犯；選擇不報警，是客人看清真相之後仍能不計前嫌地給予對方改邪歸正的機會，是懲罰對方之後仍能給予信任。

「假裝善良」的服務生只是無條件的同情、無底線的縱容，是沒主見的信任。這樣的人基本不具備獨立思考的能力。無論什麼事，只要站在看上去可憐的那一邊就行了。

善良應該成為一種對抗邪惡的力量。如果善良成了庇護罪惡的「保護傘」，那後果可能比直接作惡還嚴重。

為人處世，千萬不要濫用自己的好心。行善不但要分對象，還要分方式。很多時候表面對一個人好不見得是真好，表面的壞也不見得是真壞。比如那個打偷盜少年耳光的客人，表面看起來很殘忍，但如果不給少年一點教訓，他可能會在犯罪的道路上越走越遠，這才是真正害了他。

善亦有道。善良，不僅是情感，更是能力。無論是對誰，即便是自己的至親好友，你可以有菩薩心腸，但一定也要有金剛手段，這樣才能真正達到善良的最大化。

第七章

善良要有底線，才能贏得世界

如果心安理得，不必刻意善良

有一部電影，女主角小葉拿到自己的癌症報告單之後，心神恍惚，隨便上了一輛公車。心不在焉的她並沒有注意到身邊站著一位老人，也就沒有主動讓座給老人。

售票員對著小葉大喊：「請你讓座給這位老爺爺。」小葉若有所思，一動不動。這時老人發話了：「沒事，不就一個座位嗎，就當我讓給她了。」

小葉聽了真是氣不打一處來，拍了拍自己的大腿，說道：「要坐，坐這裡。」老人愣住，乘客譁然，全車的目光都集中在小葉身上。車上的一個實習記者將「不讓座」一幕偷偷地用手機全程拍了下來。

公車到站後，那位記者追著下車的小葉問：「為什麼快到站了，你就是不願意讓個座呢？」小葉回答：「沒別的原因，我就是不想讓座。」

記者回到電視臺後，她的上司認為這是一個可以炒作的話題，於是將影片播出，並加上了一系列的「解讀」：街頭採訪路人對此事的看法、請來專家對這個問題進行正反辯論、節目播出間隙開通熱線讓市民參與討論等。

一時間，全社會都知道了「墨鏡姐不讓座」事件。小葉從此過上了千人唾棄、萬人咒罵的日子，被人肉搜尋，被惡意攻擊，被迫站在審判臺上忍受著大眾的道德審判。

為什麼讓座這件不起眼的小事，以及由此引發的年輕人與老人的論爭，能屢屢成為熱點話題呢？就是因為在現實條件下，公車上的座位是一種珍貴資源，而在珍貴資源的分配上，公平永遠是一個難題。

愛心無大小，不要被加上道德的名義。只要對慈善做出貢獻，無論多少都是最棒的。捐一個億是善良，捐一百萬也是善良，捐一百塊依然是善良。如同莎士比亞所說：「善惡的區別在於行為的本身，不在於地位的有無，更不在於錢的多少。」也有人說：「善良不是刻意做給別人看的一件事，它是一件愉快並且自然而然的事，就像有時候，善良就是為了心安理得。」真的，如果心安理得，不必刻意善良。如果你覺得自己是一個善良的人，只要對得起自己的良心，不需要別人為你制定善良的刻度，不需要別人為你規定行為準則，更不需要活在別人的眼光中，為了善良而善良。

適度自私的意義：有利於恢復愛和付出的能力

網路上有一個問題：為什麼覺得身邊自私的人都過得比較幸福？確實那些看起來比較自私，為自己著想比較多的人，好像就是活得比較快樂；反之，那些心心念念每天忙著為別人付出的人，似乎過得就比較苦。這讓人心裡多少有些不舒服。關於這個問題，有人是這樣回答的：「有時候，你覺得那是自私，其實那是人家成熟。」

我們覺得自私不好，是因為常常區分不清「自私」與「利己」之間的界限。在滿足自己的需求時總認為是一種自私自利的行為，導致其無法得到正常滿足，久而久之就會形成持久的內心衝突。這種內心的衝突又會轉移到人際交往中，嚴重影響自己與他人建立關係的能力，這就是過於「無私」的人人際關係並不好的原因所在。

知名主持人小S寫過一篇文章〈悅己才能悅人〉，裡面講了她新婚燕爾之時，為了讓老公開心，自己學做咖哩飯的事。雖然她之前已向姐姐請教過，也在腦子裡反覆演練過，但真正開始切洋蔥時，還是被辣得淚水直流。後來發現咖哩塊掉在車後座上，而車被助理借去了，家裡連米也沒有，於是崩潰大哭。最後他們去餐廳吃了一頓咖哩飯。

吃飽喝足之後，小S問自己：「我幹嘛要拿自己不擅長的事和自己過不去呢？」從此之後她不練習廚藝了，而是請廚師代勞，她則把自己打扮得美美的，陪老公吃飯，這樣對他們倆來說都比較輕鬆。

也許有人會說小S這樣做是自私，其實不然，她只是知道如何去取悅自己，愛自己。試想一下，如果她不會煮飯也不愛煮飯，卻為了取悅丈夫而逼迫自己努力學煮飯，不是會讓自己感到疲憊和委屈嗎？夫妻一方的很多怨氣就是在取悅對方的過程中一點點累積起來的，而這種情緒並不利於夫妻關係的經營。

小S說：「當你真正讓自己過得開心之後就會發現，你的親人和家庭，你周圍的世界，並沒有因為你的『自私』而變得糟糕。相反，正因為你活好了自己，他們也分享了你的快樂、幸福和成功。你所能給予家人和這個世界的，反而會更多。」她還說：「小時候，我很喜歡探討人生意義，但是現在，在人生裡面待了很久之後，我發現它的意義就在於好好愛自己，愛該愛的人，做一個對得起自己的人。」

人生在世，有多少「善良」都是源自「為別人而活」，有多少人把「偉大」、「無私」當成眼罩，矇著眼睛活了一輩子。他們的付出足夠多，他們的犧牲足夠大，他們把自己感動得稀裡嘩啦，到了人生盡頭驀然回首，才發現他們的人生永遠只是為了別人而活。

我們來到這個世上，是為了體驗生命之美，為了追求幸福，而不是要當悲情故事的主角。無論何時我們都要先活好自己。掌握自己的幸福，有時要「自私」一點，沿著自己的心路前行，活在自己的信仰裡，告訴自己值得擁有最好的人生，配得上所有的幸福。

適度的自私，有利於自我的建立，有利於生命力的激發，更有利於恢復愛和付出的能力。所以我建議如果你缺乏自我和生命的活力，也感覺自己沒有愛和付出的能力，不妨試試看——變得適度自私一些吧！

善良的第一個層次：獨立並分享

建立關係的欲望是人的本性之一，人們需要經常地、愉快地與夥伴在長期、穩定和充滿關愛的關係中互動，才能擁有歸屬感。我們的關係也是從這樣的互動中開始的。對於關係，有的人渴求，有的人躲避，可無論我們愛不愛、求不求，各種關係都不可避免地環繞在我們身邊或心裡。

這些關係可能是美好與幸福的泉源，也可能是壓力和痛苦的製造機。當一個重要的親密關係出現裂痕甚至解體的時候，帶給當事者的影響不啻一場災難。關係出了問題，不僅會影響我們的生活品質、心態情緒、身體健康，甚至還會令我們痛苦萬分，生不如死。一段好的關係，則可以幫助我們更加看清自己、認識自己，會給予我們力量，療癒我們的創傷。

有心理學家說：「人際關係是一面鏡子。每段緣分都是一門功課，有人在其中修習成長，有人在關係結束後才有所覺悟。無論你現在正游離於親密關係之外，還是糾結其中，都希望你掌握好這面鏡子，珍惜對方，看見自我。」

每個人都希望在人際關係中擁有良好的互動，希望自己發散出去的善意，能折射回來同樣的善意。然而，事實常常並非如此。在生活中，有太多的人「善良反被善良誤」，越善良越處理不好人際關係。

想要擁有美好舒服的關係，第一步不是往外找，而是向內的工程——自我的悅納與完整；下一步則是開始對外互動、連結，建立關係。其中最關鍵的一點，就是找尋一種既靠近分享又獨立完整的態度和狀態。

獨立讓我們擁有自由完整的人格；分享讓我們的關係漸入佳境。分享在本質上是生命的一種相濡以沫，愉悅別人，快樂自己。獨立並分享的態度，讓個體得以自我豐足的同時也能夠給予他人關愛，讓我們每個人的人際關係都能幸福完滿。可惜的是，很多人悄悄地把「分享」替換成了其他詞，比如「付出」、「忍耐」、「卑微」、「妥協」等。他們把這些當成善良，希望贏得一個和諧的人際關係。但事實卻事與願違，他們發現自己一天比一天不開心，生命無法獲得一個舒展的狀態。

善良是一種智慧，而不是一種自我傷害。真正有價值的善良，既能幫助他人，也能保護自我。善良應該讓我們獲得更美好的生活，成為更美好的自己。

人生一世，匆匆百年，我們都不願意磕磕絆絆地走。除了強大的內心力量，我們無所倚靠。只要內心篤定平靜，即便腳下有荊棘，人生的腳步也會從容，在世俗的生活中也能享受身心的自由。

當你能認清和包容自己的內心，就會坦然接受自己的缺點。與不完美的自己和解的過程，就是心靈成長和成熟的過程。幻覺一旦放下，我們就可以和真實而美好的自己建立一個單純的關係，並能在其中體會到真正的喜悅和安寧。

善良的第二個層次：自尊不自輕

在英國著名小說家毛姆（William Maugham）的長篇小說《月亮和六便士》（*The Moon and Sixpence*）中，有這樣一句話：「女人可以原諒男人對她的傷害，但永遠不能原諒他對她做出的犧牲。」

書中人物史卓夫和布蘭奇是一對夫妻，他們的愛情模式非常特別：史卓夫極盡一切地對布蘭奇好，哪怕布蘭奇要跟落魄畫家在一起了，他也願意自己出去，把家留給這個與老婆有染的朋友和背叛他的妻子，因為他不忍心讓自己的妻子受苦。史卓夫還寫信給布蘭奇，若有什麼需求，他隨時願意提供幫助，而布蘭奇最終自殺，至死也不願再見他一面。

布蘭奇說：「嫁給這樣的丈夫有什麼用？他對待女人的方式太可怕了，竟然對我跟其他男人的勾搭行為視而不見，我對他徹底失望了。我可以接受一個人對我不好，卻不可以接受一個人無條件地對我好。」

我有一個朋友叫美秀，當出軌的丈夫向她提出離婚時，她錯愕之餘做了一件大多數正妻此時都會做的事情——約見小三。見到這名女子後，美秀發現她長得並不漂亮。「你找我的原因，我很清楚。但我有我的原則，那就是不會和有婦之夫糾纏不清。若他願意跟我一起，定會拿出他的誠意；若他不願意，自然會跟你回家。」美秀如同觸電一般，眼前的女子的思路如此清晰，她並沒要求男人為自己做什麼，可是丈夫卻選擇為了她拿出自己的誠意。後來美秀聽說，丈夫對那名女子很好，帶她去旅遊，帶她參加朋友聚會，送她從未送過自己的禮物。

很多朋友都替美秀打抱不平，大罵小三有手段。美秀卻突然想開了，她說結婚後，慢慢也發現丈夫逐漸對家庭失去了耐心，對孩子過問得越來越少，都是自己一個人扛了這麼多年。丈夫喜歡的那名女子，雖說沒有特別出眾的外在條件，但並未委曲求全。她有自己的價值存在感，她等待一個男人獨立自由的決定，這在一個同樣也充滿自信的男人面前，有著極大的吸引力。如果她從一開始也能拿出那名女子那樣的態度，或許她的婚姻就不是這個結局。

美秀終於明白了：女性在婚姻裡的地位高低，都是自己給自己的。你放低身段作踐自己，沒人會願意主動把你拉起來。像史卓夫和美秀這樣的人，無條件地對別人好，主要源於內心的匱乏及嚴重的「不配得感」。不配得感是人們通向幸福的絆腳石，是一個人自卑的表現之一。不配得感有很多形式，比如覺得自己不配得到別人的愛，不配擁有更多金錢，不配擁有好的工作，不配擁有良好的人際關係等。

之所以拚命對別人好，努力討好別人，就是覺得自己不值得被愛，來自別人的好會讓自己感覺不安和慌亂。其實他們這樣的行為等於在告訴他人「我無條件對你好，請你隨便對待我」。

擁有不配得感的人，特別害怕讓別人失望。因為在他們看來，這就意味著自己很差勁、很無能，接著就會產生強烈的內疚感。

其實「不允許自己讓別人失望」是一種非常苛刻又變態的要求，堪稱是一種自我虐待。一個人只要活在世界上，就總會有一些方面不盡如人意，當他們不允許自己做不好的時候，其實就是在為難自己，不能很好地接納自己。

那些不允許自己讓別人失望的人，最致命的問題是，往往看不到別人的要求可能是錯的、是無理的，他們沒有審視別人要求的能力。他們總是預設別人的要求都是對的、是合理的，當自己做不到時，就認為是自己的問題。他們就像被蒙上了眼睛的驢一樣，本能地想去滿足他人的要求。

我有一個朋友，當初和男朋友結婚時，由於門不當戶不對，幾乎沒有人看好這段婚姻。但現實是這個朋友結婚十年了，丈夫和婆家人一直對她愛護有加，她做著自己喜歡的工作，假期和老公到全國各地去旅行。她的理念就是：「不要因嫁入豪門而委屈自己，愛我就要保護我、支持我，讓我繼續做自己。」

婚姻裡女性要給自己尊嚴，不要委曲求全。正所謂嫁人卻不依附於人，這是你的脾氣，也是你的獨立人格。一旦喪失這種獨立人格，就別怪別人和你說「你脾氣這麼好，婚姻一定不幸福吧」。

日子不是用來將就的，你表現得越卑微，幸福就會離你越遠。有那個時間和精力去取悅他人，倒不如投資自己、提升自己，堅持自己的底線和原則，真誠、坦白、善良，不去賭任何博取感情的回報。

善良的最高層次：自愛而後愛人

第一次世界大戰期間，擔任法軍總司令的是法國元帥約瑟夫．霞飛。一九一四年八月，德軍與英法聯軍在法國東北部發生了激烈的戰鬥。法軍在此次戰爭中連連失利，損失慘重，潰敗撤退中，霞飛將軍率領的一支小部隊被逼進了一處山谷中。

法軍將士們在山谷中奮力抵抗，與德軍僵持了七天，糧食已所剩無幾。那天晚上，全體士兵們的眼睛都緊緊盯著最後一點食物。霞飛將軍看著食物，若有所思地來回踱步。突然他大步走到桌前，將食物分成了十多份，分給了他挑選出來的十幾個人和他自己，而他自己的那份還特別多。士兵們很詫異，這完全不符合霞飛將軍一貫公平的風格呀！難道他真的打算保全少數人，而放棄大多數，不管他們的死活了嗎？

霞飛將軍不管別人怎麼想，他吃完自己那一份，就命令分到食物的那十幾個人帶上武器準備戰鬥。當晚德軍由於疏漏，兩支隊伍之間的布陣出現一個巨大漏洞，將側翼的軟肋暴露了出來。霞飛將軍抓住這個機會，帶領那十幾個人突圍，全力拚殺出一條血路，掩護其他士兵衝破了包圍。接著他又把潰散的士兵集合在一起，靜等其他部隊的增援。經過六個半月的拉鋸戰，他們終於轉守為攻，奪回了失地。

事後，提到分配食物時的「自私」行為時，霞飛將軍用一貫冷靜的口吻說：「我從來不認為那是自私。想要幫助別人，就要先保全自己。」

其實生活中也是如此。愛護自己，照顧好自己的身體，管理好自己的情緒，在此前提下我們才更有能力去關愛別人。坐飛機的時候，空服人員的安全提示也正是秉承著這一原則：「如果發生緊急情況，請先戴好自己的氧氣面罩，再去幫助身邊孩子戴好氧氣面罩。」這個道理很簡單，因為人在缺氧之後很短的時間內就可能發生昏迷，如果先顧孩子，可能會出現孩子的氧氣面罩還沒戴好自己就昏迷的情況，如果先自救再救人，安全係數就會高很多。

一九一一年，曾當過兩屆美國總統的小狄奧多．羅斯福（Theodore Roosevelt Jr.）決定再次參加大選。一次演講時，他被刺客一槍擊中胸部，身體搖晃了幾下後他馬上恢復了鎮定。為了展示形象，他以手捂胸強忍疼痛，堅持到演講結束才去醫院就診。他以為自己的這個英勇之舉會加分，贏得更多選票，最後卻落選了。在總結失敗教訓時，他說：「民眾覺得這更應受到譴責，因為沒人相信一個不顧惜自己生命的人會有能力保護好民眾。」

需要你幫助和愛護的第一個人，永遠是你自己。愛自己不是自私，不是自負。很多時候，你必須要自私一點，把自己放在別人之前，尤其是在身負重任的時刻。

英國作家諾爾．考爾（Noël Coward）曾說：「我對這個世界相對而言無足輕重，但我對我自己卻是舉足輕重。我唯一必須一起工作、一起玩樂、一起受苦和一起享受的人就是我自己。我謹慎以對的不是他人的眼光，而是我自己的眼光。」

我們每個人都是自己人際關係的軸心，一切關係都是以我們自己為中心發散出去的，也只有我們自己才能終身與自己做伴。對每個人而言，愛自己是第一重要的事情。想要一輩子都被別人愛著並不容易，甚至需要一些好運氣，但是透過學習和努力，一生愛自己是可以實現的。

愛自己，從真正悅納自己開始吧！接受自己的不完美，珍惜世界上唯一的你，即使是缺點，也可以是自己獨一無二的特質，就像歌手鄧紫棋說的：「我覺得我就是獨一無二的鄧紫棋，這個世界沒有另外一個我。上天把我變成一個只有一百五十七公分的人，可是我一百五十七公分一樣很靈活啊。我覺得這個世界上沒有誰比誰更強、更厲害，這個世界只有誰比誰更了解自己、更愛自己、更珍惜自己。接受自己，擁抱自己每一個優點、缺點，因為你是獨一無二的，所以有些影響，只有你自己能帶給這個世界。」

當我們真正愛自己時，就意味著自己開始走向成熟。一個愛自己的人，絕不會因為善良和付出而令自己感到匱乏，不會因為他人的不認可而失落，更不會活在他人的眼光和評判裡。

英國有一部電視劇叫《肥瑞的瘋狂日記》（*My Mad Fat Diary*），女主角身材偏胖、長相不出眾、性格孤僻，經常自殘，是「不愛自己」的典型代表。後來有一個帥哥愛上了她，但她始終覺得自己配不上對方——覺得自己配不上好的感情。我們在前面說過這叫做「不配得感」。

女主角的心理諮商師一直在對她強調：「你要試著愛自己。」絕望的女主角忍不住吼道：「每次治療，你都說我要懂得愛自己，要對自己好一點！幾個月了，你就像複讀機一樣，但你從未告訴我如何愛自己，什麼時候開始！」

是啊，如何愛自己，什麼時候開始呢？

世界著名幽默大師卓別林，在自己七十歲生日當天，創作了一首詩歌《當我真正開始愛自己》（*As I Began to Love Myself*）。這首詩歌所傳達出的樂觀、豁達、平和的人生態度——愛護身體、活出自我、笑對人生，正是生活在當下這個浮躁和功利的社會中的我們所急需的。請從現在開始，愛自己吧！

當我真正開始愛自己

作者：卓別林

當我真正開始愛自己，
我才意識到，所有的痛苦和情感的折磨，
都只是提醒我：活著，不要違背自己的本心。
今天我明白了，這叫做「真實」。
當我真正開始愛自己，
我才懂得，把自己的願望強加於人，
是多麼無禮，就算我知道，時機並不成熟，
那人也還沒有做好準備，
就算那個人就是我自己。
今天我明白了，這叫做「尊重」。
當我開始愛自己，
我不再渴求不同的人生，
我知道任何發生在我身邊的事情，
都是對我成長的邀請。

如今，我稱之為「成熟」。
當我開始真正愛自己，
我才明白，我其實一直都在正確的時間，
正確的地方，發生的一切都恰如其分。
由此我得以平靜。
今天我明白了，這叫做「自信」。
當我真正開始愛自己，
我不再犧牲自己的自由時間，
不再去勾畫什麼宏偉的明天。
今天我只做有趣和快樂的事，
做自己熱愛，讓心歡喜的事，
用我的方式、我的韻律。
今天我明白了，這叫做「單純」。
當我開始真正愛自己，
我開始遠離一切不健康的東西。
不論是飲食和人物，還是事情和環境，

我遠離一切讓我遠離本真的東西。
從前我把這叫做「追求健康的自私自利」，
但今天我明白了，這是「自愛」。
當我開始真正愛自己，
我不再總想著要永遠正確，不犯錯。
我今天明白了，這叫做「謙遜」。
當我開始真正愛自己，
我不再繼續沉溺於過去，
也不再為明天而憂慮，
現在我只活在一切正在發生的當下，
今天，我活在此時此地，
如此日復一日。這就叫「完美」。
當我開始真正愛自己，
我明白，我的思慮讓我變得貧乏和病態，
但當我喚起了心靈的力量，
理智就變成了一個重要的夥伴，

這種組合我稱之為「心的智慧」。

我們無須再害怕自己和他人的分歧，

矛盾和問題，因為即使星星有時也會碰在一起，

形成新的世界，

今天我明白，這就是「生命」。

電子書購買　爽讀 APP

國家圖書館出版品預行編目資料

善良要有尺度，拒絕要有態度：胖虎定律 × 登門檻效應 × 斯德哥爾摩情節……濫好人的自救指南，別讓你的好心變成廉價品！ / 安顏 著 . -- 第一版 . -- 臺北市 : 財經錢線文化事業有限公司 , 2025.03
面； 公分
POD 版
ISBN 978-626-408-186-3(平裝)
1.CST: 人際關係 2.CST: 社交技巧 3.CST: 生活指導
177.3　114002146

善良要有尺度，拒絕要有態度：胖虎定律 × 登門檻效應 × 斯德哥爾摩情節……濫好人的自救指南，別讓你的好心變成廉價品！

臉書

作　　者：安顏
責任編輯：高惠娟
發 行 人：黃振庭
出 版 者：財經錢線文化事業有限公司
發 行 者：崧燁文化事業有限公司
E-mail：sonbookservice@gmail.com
粉 絲 頁：https://www.facebook.com/sonbookss/
網　　址：https://sonbook.net/
地　　址：台北市中正區重慶南路一段 61 號 8 樓
8F., No.61, Sec. 1, Chongqing S. Rd., Zhongzheng Dist., Taipei City 100, Taiwan
電　　話：(02) 2370-3310　**傳　　真**：(02) 2388-1990
印　　刷：京峯數位服務有限公司
律師顧問：廣華律師事務所 張珮琦律師

定　　價： 299 元
發行日期： 2025 年 03 月第一版
◎本書以 POD 印製